Como aumentar sus ventas

Los secretos
de la redacción
publicitaria

Salomón Rivera

Ediciones Afrodita

Copyright © 2023 Ediciones Afrodita
Todos los derechos reservados
Portada: pixabay

Temario:

Capítulo 1
Cartas de ventas

El objetivo básico de toda empresa es mejorar el valor de sus productos a medida que se vuelven más interesantes. Ya sea que esté buscando generar una gran respuesta de un anuncio de periódico o revista, una carta de venta directa o un sitio de Internet, el hecho básico que debe tener en cuenta es "¿Qué es lo que hace que su negocio funcione?"

Una forma principal y ampliamente utilizada de herramienta de comunicación de marketing es la carta de ventas. Puede construir su base de clientes y aumentar sus ventas.

¿Qué tienen de especial las cartas de ventas que siempre se leen? ¿Qué pasa con las cartas de ventas que venden productos? ¿Cuál es el secreto de las cartas de ventas que mantienen a los lectores leyendo hasta la última línea? ¿Por qué compramos en base a unas cartas de venta y no a otras, aunque ofrecen los mismos beneficios y características?

Las cartas de ventas pueden presentar numerosos tipos de información. Por ejemplo:

a) Te da a conocer el producto y los servicios que estás ofreciendo.

La razón principal y principal para utilizar las cartas de ventas como herramienta de marketing es hacer que el cliente sea consciente de su producto o servicio proporcionando datos adecuados para atraer al lector.

b) Presentar una excusa para un encuentro futuro

La carta de ventas se puede utilizar para organizar al consumidor para contactarlo en una cita futura, por ejemplo, para visitarlo personalmente o llamarlo para programar una cita.

c) Responder consultas.

Si en una fecha anterior, el cliente solicitó información adicional sobre un producto o servicio específico, se puede enviar una carta de ventas para responder a sus consultas. Esto, en sí mismo, puede crear un terreno para vender el producto y el servicio.

d) Información general

Una carta de ventas puede notificar al consumidor las últimas ofertas, productos, servicios, ventas, etc. Puede ser cualquier otra información que crea que le interesará al lector. El consumidor puede haberle pedido especialmente que le informe sobre dicha información y/o puede dirigirse exclusivamente a grupos de consumidores.

Para ayudar a establecer cómo debe escribir su carta de ventas, es importante trazar sus objetivos. Una vez que tenga claro su objetivo, le resultará fácil adoptar la técnica requerida. A continuación, se muestran algunos de ellos:

a) Para vender cualquier producto o servicio

Si su único objetivo es vender sus productos o servicios, debe convencer a la gente. Necesita utilizar palabras que persuadan al cliente potencial de los beneficios de lo que usted está ofreciendo. Recuerde, no sea agresivo. Hable en un tono de conversación.

b) Para notificar al cliente

Si su único objetivo es proporcionar al consumidor toda la información esencial sobre su negocio, producto o servicio, estas cartas de ventas suelen ir acompañadas de folletos y otros prospectos para proporcionar dicha información.

c) Para obtener una respuesta

Los clientes pueden contactarlo por muchas razones además de querer comprar el producto o servicio. Puede ser para obtener más información, una muestra / prueba gratuita, una visita personal, etc. Habitualmente, a los consumidores no les gusta comprar sin ver o probar físicamente el producto / servicio. Por lo tanto, debe mantener abierta una opción para demostrar. Esto también ayuda a generar credibilidad. El cliente potencial sentirá que está realmente interesado en ellos y no solo para vender sus productos.

Todos pueden escribir una maravillosa carta de ventas. Seguro, es posible que deba estudiar algunas habilidades nuevas. Siempre debe saber que los famosos redactores publicitarios de hoy en día no nacieron sabiendo cómo escribir excelentes cartas de ventas. Todos empezaron desde cero. También tuvieron sus problemas y fracasos iniciales. Pero persistieron. De hecho, una vez que sepa cómo jugar, se dará cuenta de que escribir una carta de ventas eficaz es como un juego de niños.

Redactando una carta de ventas

Una carta de ventas es un documento destinado a generar ventas. Influye en el lector para realizar un pedido, para solicitar información sobre un producto o servicio. El objetivo básico es motivar al lector a realizar una acción concreta.

Esta es una descripción de una carta de ventas real.

"Llego a usted para informarle sobre una lavadora realmente fabulosa que he desarrollado. En primer lugar, sé que es maravillosa porque pasé años estudiando lavadoras de todo tipo. Luego amplié mi campo de investigación y desarrollo en (I+D) para incluir todo tipo de lavadoras comerciales, y llegué a conocer todos los posibles secretos de este negocio. Ahora, DIEZ AÑOS DESPUÉS, estoy listo para dejarle saborear los frutos de todo mi arduo trabajo. He desarrollado la EZ WASHER. Debo decirle que hará que todas las demás lavadoras que haya visto palidezcan en contraste con ésta".

¿Encuentra algo malo en esta carta de ventas? Casi todo está mal.

El titular tiene que ver con el escritor y no habla con el cliente. Además, utiliza algunos términos técnicos: "I +

D" (investigación y desarrollo). Este es un término industrial, que en realidad puede irritar a algunos posibles clientes. No tenemos ni idea de a qué se refieren los 10 años de trabajo. Tampoco se nos informa sobre características excepcionales. El escritor generalmente elogia el gran trabajo que ha realizado. La carta de ventas habla de todo lo que ha hecho en los últimos 10 años y no de lo que obtendré como usuario o al menos de lo que puedo esperar.

Antes de comenzar a escribir una carta de ventas, también debe intentar ponerse en el lugar del posible cliente. Dese cuenta de cómo trata a las cartas no deseadas que recibe. La mayoría de estas letras, si no todas, van a la basura. De hecho, ni siquiera te molestas en abrir algunos de ellas.

Comparación entre propuestas no solicitadas, folletos y cartas de venta

Ya sea que esté preparando un folleto o escribiendo una propuesta no solicitada, siempre puede mejorarlo al darse cuenta de las similitudes y diferencias entre ellos.

Un folleto es un registro de sus productos y servicios. A menudo se producen a gran escala y se entregan de incógnito. Los folletos vienen en diferentes tipos de formas y tamaños y la mayoría de las veces se imprimen en colores brillantes con muchos gráficos.

Una propuesta no solicitada es un artículo sobre sus productos y servicios. Por lo general, se producen de forma independiente y se entregan a alguien preciso (aunque puede ser a alguien con quien no está demasiado familiarizado). A menudo tienen la forma de una carta, a menos que sean documentos grandes, que están encuadernados.

Una carta de ventas es una propuesta breve y siempre tiene como objetivo hacer que tome alguna acción. Dependiendo de la situación, las cartas de ventas pueden o no entregarse a personas concretas y, a veces, se envían a personas que no conoce.

Entonces, ¿cuál es la diferencia? Resulta que en realidad no hay mucha diferencia entre ellos. Todos esos mecanismos tienen que ofrecer información y, por lo general, buscan influir. A veces, la intención principal de un folleto es proporcionar información. Un diferenciador clave es si el folleto debe apuntar a que usted tome alguna acción. Los materiales de marketing casi siempre están diseñados para estimular al lector a hacer algo. Podría ser visitar su tienda, hacer una compra, visitar un sitio web o tal vez simplemente hacer una llamada telefónica. Si su folleto simplemente proporciona información, debe reconsiderarlo para asegurarse de que sea convincente y considerar rediseñarlo para inducir a las personas a tomar medidas.

Si tiene un llamado a la acción, o algo que está tratando de inspirar al cliente potencial a hacer, entonces puede ser útil imaginar su folleto como una propuesta no solicitada. El folleto debe estar destinado a convencer de manera eficiente al lector para que ejecute la llamada a la acción.

Si está escribiendo una carta de ventas, es posible que no comprenda que no es muy diferente a un folleto que pide al lector que actúe. Intente centrarse en la estética del folleto.

Tanto los folletos como las propuestas no solicitadas pueden sufrir por no tener demasiada información sobre el lector. Cuanto más se familiarice con el lector, más persuasivo podrá ser. Sin embargo, con frecuencia se entregan folletos y propuestas no solicitadas a personas con las que no está muy familiarizado, generalmente con la expectativa de conocerlas mejor.

La próxima vez que redacte un folleto, una propuesta no solicitada o una carta de ventas, tómese el tiempo para pensarlo como si fuera uno de los otros. Utilice la comparación para mejorar el documento, pero sea obvio acerca de sus objetivos.

Intente anticipar las preguntas que pueda hacer un cliente.

¿Para quién es esto?

¿Qué implica esto?

¿Es realmente para mí?

¿Qué hay para mi ahí dentro?

¿Cuál es el producto?

¿Qué problema resuelve?

¿Tengo este problema?

¿Quién es la empresa?

¿Por qué debería creer lo que dicen?

¿Dónde está la justificación?

¿Por qué debería comprar este producto?

¿Qué debo comprar ahora?

¿Por qué debería comprar a este precio?

¿Por qué comprar a esta empresa y no a la rivalidad?

¿Qué garantía obtengo?

¿Cuánto tiempo requerirá esto?

¿Cuánto cuesta?

¿Cómo lo pido?

Asegúrese de que el texto de su cuerpo cuente toda la historia. Derrota toda duda. Responda todas las consultas. Dale al cliente todas las razones posibles para decir que sí a tu propuesta.

Segmentación, focalización y posicionamiento

La preparación de su carta de ventas significa que debe tener un conocimiento integral del producto o servicio que ofrece, la dinámica del mercado y las necesidades declaradas y no declaradas del lector.

¿Qué hace el producto o servicio por quien lo requiere? ¿Cómo se puede beneficiar el lector comprándolo? ¿Cuál es el único punto de venta del producto o servicio? Para responder a estas consultas, debe comenzar por distinguir los beneficios de las funciones. La carta de ventas debe poder persuadir a su lector de que compre sus cosas basándose en el beneficio que obtiene de ellas y no en sus características.

El beneficio es lo que ofrece el producto o servicio y lo que el consumidor obtiene. Un beneficio es el resultado específico de la función. Una característica es lo que el producto o servicio ya tiene incorporado. Los beneficios son lo que inspiran a las personas a comprar. Un refrigerador, por ejemplo, tiene instalaciones para descongelar (característica). Si esa tecnología ayuda a mantener nuestras verduras frescas y saludables, entonces tenemos el beneficio de esa característica.

Decida cómo planea anunciar el producto o servicio. ¿A través de Internet, correo directo, correo electrónico, venta directa, publicidad impresa, etc.? ¿Existe alguna otra publicidad o literatura para respaldar la carta de ventas? ¿Quién es su competencia? ¿Qué actividades de marketing han realizado? ¿Cuál es su presupuesto publicitario? ¿Está apuntando demasiado alto?

¿Quién es su comprador potencial? ¿Qué estimula a una persona a comprar ese artículo? Los expertos señalan que la emoción que se usa con más frecuencia para influir en las personas para que compren es el miedo y un millón de variaciones más. Debe estar en la posición del consumidor para darse cuenta de si su oferta apela a las necesidades emocionales de los lectores.

Siguiendo el modelo AIDA

Los redactores publicitarios siguen el modelo AIDA. El modelo AIDA significa Atención, Interés, Deseo y Acción.

Obtenga la atención de su lector

Si desea que su carta de ventas tenga un impacto en sus lectores, primero debe llamar su atención. Puede hacer esto con un título contundente o un párrafo inicial que dé en el clavo directamente en la cabeza o incluso puede comenzar su carta con una pregunta cautivadora. Por ejemplo, "¿Quiere reducir su costo de electricidad en un 45%?"

Un título apropiado para una carta de ventas que promueva un programa de pérdida de peso podría ser: "Ahora, puede perder 15 libras en 2 semanas sin tener que pasar hambre; ¡y es fácil y asequible!" Este titular no solo resuelve un problema, sino que también ofrece una solución rápida y fácil que tiene en cuenta al consumidor sensible al precio.

Su lector solo estará interesado en saber "¿Qué gano yo con esto?" "¿Por qué debería invertir mi tiempo en seguir leyendo?" Si le avisas al instante, al principio de tu carta, seguirá leyendo el resto de la carta. Y eso es la mitad de la batalla ganada. En cualquier caso, rara vez llegará al tercer párrafo. Así que el impacto tiene que ser al comienzo y explicarse desde el principio.

Gane su interés

Debe captar el interés del lector mostrándole por qué necesita su producto o servicio. Tiene que crear un deseo en torno a ellos. Hágale saber cómo su vida será más fácil con su producto. Muéstrele lo que le falta sin ni siquiera probar el producto.

Aquí, necesita demostrar su confiabilidad. Puede descansar su caso mediante el uso de testimonios o historias de casos. Puede proporcionar los detalles de comunicación de los usuarios que se han beneficiado de su producto. Recuerde siempre que sabe todo lo que hay que saber sobre su producto, por lo que las "noticias obsoletas" para usted pueden ser "noticias frescas" para la otra persona.

Crear deseo

Ahora tiene la atención del lector y atrapa su interés. A continuación, tiene que crear el deseo. Dígale al potencial cliente cómo se beneficiará exactamente de su producto. Vincule los beneficios a la vida diaria del lector. Haga que se dé cuenta de cómo su producto puede beneficiarlo, cuán conveniente es para él obtenerlo y cuán cómoda será la vida para él después.

Las generalidades son menos convincentes. Los detalles específicos son mucho más creíbles. Por ejemplo, cuando quiera vender libros sobre cómo reducir el robo por parte de los empleados "Al final de este trimestre, podría ver su porcentaje de robo de empleados caer en más de un 37%. ¡Imagínese el efecto espectacular que tendrá en sus resultados finales!" Si vende un programa de pérdida de peso... "En 3 semanas habrá perdido 15 libras. Imagínese los cumplidos de su cónyuge. ¡Piensa en lo hermosa que te verás con ese nuevo traje de baño! "

Solicitar acción

¿Qué quieres que haga el lector a continuación? ¿Enviar una tarjeta de respuesta? ¿Solicitar el producto o servicio? ¿Llamar para pedir más información? ¿Agendar una cita de trabajo? Notifíqueselo en consecuencia. Es sorprendente cuántas cartas de ventas no informan al lector sobre el paso siguiente. Consideran que el lector es un lector de mentes. Pero normalmente este no es el caso.

Ha trabajado duro hasta ahora. Ha captado su atención, enganchado su interés, creado deseo. ¿No es apropiado pedir acción? No suponga que su lector sabe qué hacer a continuación. Como apoyo para obtener la acción preferida, siempre debe incorporar una tarjeta de respuesta con su carta.

Llame a la acción, podría ser el empujón final que incline la decisión de compra a su favor. Así que sea específico y dé el impulso final.

Elementos básicos de una carta de ventas

¿Cuáles son las partes básicas de una carta de ventas?

Cualquier carta de ventas sigue aproximadamente la siguiente secuencia:

a.   Imagen.

b.   Titular.

c.   Saludo.

d.   Párrafo principal.

e.   Cuerpo.

f.   Clausura.

La imagen:

Si hay un logotipo o diseño para su negocio, utilícelo en la carta de ventas solo si es realmente pertinente para lo que está ofreciendo. No está vendiendo el logotipo de su empresa; está vendiendo beneficios que el comprador se dará cuenta si compra su producto o servicio. Utilice una imagen específica que sea inherente a su título, contenido y tema, o no utilice ninguna. Cíñase a las palabras en la medida de lo posible.

Trabajo del titular:

El título suele tener entre 3 y 30 palabras. Debería ser pegadizo. Debe captar la atención del lector y decirle de qué se trata el anuncio (carta de ventas). Idealmente, el trabajo del titular es lograr la concentración del lector, apuntar a los espectadores, enumerar una ventaja y hacer una garantía.

Saludo y párrafo principal:

Cualquier carta de venta que influya en el lector tiene la posibilidad de ser abierta y leída.

Teja un hilo con el que el lector se pueda identificar, usando un tono conversacional, o anuncie un nuevo producto o servicio, un evento exclusivo o importante, noticias, haciendo alarde de su propuesta de venta única.

Hable con el lector como si fuera su igual: "Estimado compañero comprador de automóviles, ¿está consciente de. . . " o, podría comenzar con algo innovador, tal vez una cita o una anécdota, o puede comenzar identificando el problema del lector, uno que su producto promete solucionar, o haga una pregunta que pueda entusiasmar al lector, o deje que el lector obtenga información secreta o poco común.

Puede utilizar un subtítulo para responder a una consulta planteada en el título. Por ejemplo, la Parte A podría decir: "¿Quiere perder 15 libras en 3 semanas a un precio asequible?" La parte 2 podría decir: "Bueno, así es como puedes hacerlo ...".

Cuerpo de la carta:

El cuerpo del texto debe usar el mismo tono y perdurar con el tema del titular. Debe insistir en destacar los beneficios y ofrecer pruebas del reclamo que hizo. Proporcione detalles de los beneficios y las características. Genere credibilidad. Su objetivo básico es crear una necesidad o un deseo para sus productos o servicios y hacer que las personas hagan lo que usted quiere.

Cierre o llamado a la acción:

Si solicita al lector que ordene, apoye o se comunique con usted por una causa en particular, debe facilitarle la respuesta. Debe respaldar la carta de venta con un sobre prepago y un formulario de pedido. Si no es adecuado, proporcione un número de teléfono gratuito, un enlace de correo electrónico y / o su URL. Agradezca siempre al lector su paciencia. Utilice siempre una posdata.

Una sugerencia final: Lograr que el lector gaste el dinero que tanto le costó ganar en usted es el verdadero desafío. La mejor forma de garantizarlo es utilizar lectores de prueba. Los lectores de la prueba podrán dar su opinión si falta algo en la carta.

¿Cómo crear titulares para revitalizar sus cartas de ventas?

Cada una de sus herramientas de marketing requeriría un titular. Los titulares llaman la atención, hacen que su mensaje sea fácil de leer, transmite sus puntos de venta clave e incita a su cliente a comprar el producto y el servicio.

Use titulares con regularidad en su carta de ventas para ayudar a las personas a obtener su mensaje principal sin tener que andar a tientas.

Los titulares van desde "golpearte en la cara" hasta otros más discretos que no parecen titulares en absoluto.

Su titular se nota cuando atrae los intereses del lector. Debe utilizar su titular para señalar una dificultad que tenga el lector o algo que sepa que el lector siente poderosamente.

Siete titulares seguros

1.   Hacer una pregunta. "¿Le preocupa engordar y volverse flácido?" Un titular de pregunta obliga al lector a responder mentalmente. Consigues que el prospecto se involucre mecánicamente en tu mensaje.

2.   Comience su título con "Cómo perder 15 libras en 3 semanas". A la gente le encanta la información que ilustra cómo hacer algo valioso.

3. Proporcione un testimonio. El consejo de un cliente satisfecho puede actuar como catalizador para que otros le compren.

4. Emitir un comando. Algunos titulares tradicionales ordenan a los lectores "Apuntar alto" y Avanzar", etc. Convierta su beneficio más significativo en un titular sólido.

5. Las noticias importantes son un buen titular. Esto funciona especialmente bien para grandes cambios en su organización o la introducción de nuevos productos inteligentes.

6. Establezca una última fecha para una oferta especial. La mayoría de nosotros siempre estamos demasiado ocupados y tendemos a posponer la acción. "Ahorre dinero ahora" y "Obtenga una bonificación si compre ahora".

7. Las ofertas GRATUITAS a menudo obtienen la mayor respuesta. Existe el mito de que las ofertas gratuitas desaniman a los clientes ricos o profesionales. Esto no es exacto en absoluto. Simplemente personalice su oferta gratuita para que coincida con el estilo de sus clientes o industria.

Los potenciales clientes siempre están con apuros de tiempo. Son bombardeados con cientos de anuncios, cartas de ventas, postales y comerciales todos los días. Tienden a desconectarse de cualquier mensaje publicitario que parezca que llevará bastante tiempo descifrarlo. Los titulares les ayudan a decidir. Así que concéntrate en ellos.

¿Es importante tener un primer párrafo sólido?

La siguiente pregunta crucial es cómo comienza su carta de ventas.

¿Le dice al cliente potencial inmediatamente qué es lo que piensa vender? ¿Lo agita un poco para que pueda comprender por qué necesita su producto o servicio?

El párrafo inicial de su carta de ventas depende del tema que haya elegido. Ese tema determinará si su párrafo principal seguirá un enfoque creativo específico o se centrará en su oferta.

Una vez que su párrafo inicial esté a la par con su tema, el punto focal debería cambiar a su calentamiento. Un calentamiento ineficiente paralizará una carta de ventas más que cualquier otro aspecto, resultando en una carta promedio.

Una gran pieza de venta llegará al grano al instante. Su objetivo es llamar y atraer el interés del lector. No se trata de sentar las bases para comprender la pieza; es para crear un interés inmediato en el tema que ha seleccionado.

Además, el párrafo inicial debe estar en primera persona "Quiero señalarle..." Una forma rápida de borrar interés en un cliente es hablar en tercera persona o incluir en "nosotros" en la letra. Comenzar una carta con "nosotros" puede estropear su respuesta.

A continuación, se muestra un conjunto completo de reglas a seguir para crear su primer párrafo:

a. Hágalo teatral, interesante y dirigido al público objetivo exacto.

b. Mantenga su párrafo conciso.

c. Mantenga sus oraciones precisas.

d. Mantenga sus palabras breves.

e. Utilice "usted" para involucrar al cliente potencial.

f. Haga que su mensaje provenga de una sola persona, de manera muy individual, con el objetivo de construir lectores uno a uno en todo el artículo.

Al evaluar cualquier carta de ventas, una de las cosas básicas que debe hacer es examinar el párrafo principal. ¿Coincide con el enfoque y el gusto de los seis puntos enumerados anteriormente?

No existe una fórmula rígida para un párrafo de introducción, pero sus cartas crearán mejores respuestas si sigue, en lugar de romper, las reglas.

¿Es esencial incluir una firma en su carta de ventas?

A las personas les gusta saber quién les ha enviado la carta y tienden a desplazarse rápidamente hacia abajo hasta el final de la misma para ver quién firma en la parte inferior.

Lo siguiente que ven debajo de la firma es una posdata (o PS). Realmente, su PS puede ser el segundo (después del título) o el tercer (después de la oración/párrafo de apertura) elemento más leído de su carta de ventas o correo electrónico. La mayoría de los redactores publicitarios utilizan no solo una posdata, sino también varias (PPS).

La mayoría de las posdatas tienden a ser bastante pequeñas, por lo general alrededor de 3 o 4 líneas para resumir la oferta, corroborar la fecha límite y comprender la llamada a la acción.

Posdata se define de la siguiente manera: "Para escribir después; un párrafo agregado a una carta una vez concluida y firmada por el escritor; una adición hecha a una carta o composición después de que se ha terminado el cuerpo principal de la obra, que contiene algo omitido o algo nuevo que se le ocurre al escritor ".

Para los especialistas en marketing, brinda una última oportunidad para influir en los prospectos para que actúen. La mejor manera de utilizar su "adición" final es resaltar o reafirmar un punto principal de importancia para el lector.

Si necesita más espacio, cree una PS secundaria Agregar PS suplementarias es una estrategia principalmente efectiva con cartas de venta más largas.

¿Debería incluir garantías?

Si ofrece un producto o servicio sin garantía, es posible que esté a punto de perder un gran porcentaje de las ventas potenciales. Hoy en día, las estafas están muy extendidas. Dado que no hay una policía oficial o un moderador en Internet, es muy probable que tales estafas sean aún mayores como consecuencia.

Debido a estos estafadores y a la gran cantidad de desafíos presentados en la Web, la gente desconfía y buscará cada vez más medios protegidos para aprovechar las ofertas. Por lo tanto, las garantías son herramientas influyentes para el comercializador que busca opulencia y pueden hacer dos cosas muy importantes que ayudarán a aumentar las ganancias: aumentar las ventas y reducir los retornos.

Cuando ofrece una garantía, disminuye el cinismo en torno a la compra de su producto o servicio. Los consumidores son razonablemente cuidadosos y mucho más cuando realizan compras a través de la Web. Y las garantías le otorgan una confianza casi inmediata con los posibles clientes.

Las garantías aumentan el valor percibido. Tomemos, por ejemplo, la historia de los hermanos Monaghan.

Ambos hermanos estaban en un negocio desde su casa. Necesitaban dinero para pagar la universidad. Trabajaban en turnos y asistían a la universidad cuando estaban libres en el otro turno. Después de sufrir pérdidas durante aproximadamente un año, uno de los hermanos vendió su participación en el negocio. El otro se quedó con la pequeña pizzería. En algunas entrevistas que dio recientemente, Tom Monaghan dijo que no estuvo muy seguro de estar haciendo lo correcto, aunque su decisión fue la mejor que jamás haya tomado. Su negocio basado en una simple garantía, "Pizza entregada fresca en 30 minutos o es gratis", Domino's Pizza se convirtió en la industria de mil millones de dólares de hoy.

Las garantías aumentan las ventas y reducen las devoluciones. Si bien la gente realiza pedidos, particularmente desde la Web debido a la conveniencia que ofrece, una oferta que proporciona una política de devolución se suma al factor de conveniencia e infunde una mayor seguridad en sí mismo en la mente del comprador. Por lo tanto, utilice garantías para garantizar su éxito.

Siete consejos para una gran garantía

- Haga la garantía fácil y sin reservas. Deje las excusas y la letra pequeña.

- Asegúrese de que toda su organización crea en la filosofía operativa dictada por el uso de garantías.

- Familiarícese con sus clientes lo suficiente como para darse cuenta de si la garantía ayuda al cliente.

- Una garantía debe ser un camino de dos vías, así que incluya algunas ventajas si supera el potencial de rendimiento: solicite tarifas de "éxito".

- Indique qué clientes pueden reclamar la garantía y cuáles no. Restrinja el número al mínimo.

- Reaccione rápidamente si un cliente le solicita que cumpla con su garantía.

- Supervise su rendimiento para evitar sorpresas.

Las garantías se dividen en cinco categorías muy diferentes:

- **La garantía de devolución de dinero**: esto garantiza que sus clientes no desperdiciarán su tiempo ni su dinero. También defiende a los clientes si el producto se rompe o falla.

- **La Garantía de Satisfacción**: Garantiza que su cliente estará contento y satisfecho con su servicio o producto.

- **Garantía de protección de precio**: puede ofrecer un precio fijo, lo que garantiza que el precio y/o las condiciones de pago no cambiarán o aumentarán (por ejemplo, un seguro de vida) o garantizar que no encontrarán un precio más bajo en otro lugar.

- **Garantía de puntualidad**: esto ayuda a suprimir los temores en una clientela con poco tiempo. Empresas como imprentas, talleres de reparación de automóviles y compañías de cable pueden encontrar tentadora esta oferta.

- **Absolutamente ninguna garantía de preguntas formuladas**: esto puede ser funcional para cualquier cosa. Pruébalo y verás.

Consejos para escribir una carta de ventas

a. **Construir credibilidad**. Además de mencionar los beneficios, también debe incluir testimonios de personas que ya han utilizado y se han beneficiado de su producto o servicio. Esto genera credibilidad.

b. **Hágalo memorable para su lector**. La mayoría de los correos no solicitados se guardan en el cubo de la basura. Su correo debe tener algo único para que las personas consideren dedicarle más tiempo. Por ejemplo, un servicio de reparación de automóviles puede incluir los 10 mejores consejos para el mantenimiento del automóvil, etc.

c. **Enfatizar la estética**. La carta debe ser fácil de usar. Debe tener un impacto visual atractivo. La estética debe estar bien definida. Además, debería ser fácilmente navegable.

d. **Incluya un llamado a la acción**. Incluya una postal, un sobre prepago y/o un formulario de pedido. Si no es apropiado, proporcione un número de teléfono gratuito, un enlace de correo electrónico y / o su URL.

e. **Incluya siempre una tentación**. La carta debe incluir un incentivo por actuar con prontitud: un descuento, una oferta especial, obsequios, etc.

f.   **Resista hacer** "Combinar correspondencia. "La tecnología ha hecho la vida más fácil sin duda. Pero trate de evitar escribir correos masivos. Personalice cada letra según las necesidades del lector.

g.   **Forje conexiones eternas**. Intente forjar relaciones duraderas con sus clientes. Para ello, debe "prometer menos" y "entregar en exceso".

h.   **Mercado de prueba**. Cualquiera que sea la técnica que pretenda aplicar, siempre pruebe el mercado.

i.   Toque el acorde correcto. Su carta de ventas no debe ser demasiado formal ni estar llena de jerga. Eso podría inhibir al lector.

j.   **Un consejo final**: Antes de enviar los anuncios publicitarios, asegúrese de haber calculado todos los aspectos. Ciertamente, no querrá verse inundado de ofertas sin tener los recursos adecuados.

Guía de 12 pasos para una buena carta de ventas

No es necesario ser un redactor publicitario galardonado para crear cartas de ventas competentes. En realidad, escribir excelentes cartas de ventas tiene más inclinaciones científicas que ser un arte. Incluso los profesionales utilizan "plantillas" probadas para generar cartas de ventas que obtienen el resultado deseado.

Cada individuo tiene alguna forma de resistencia a la compra. El objetivo básico de su carta de ventas debe ser triunfar sobre la resistencia de compra de su lector mientras lo induce a actuar. Estos obstáculos se notan en muchos comentarios de clientes declarados y no declarados, tales como:

"No te das cuenta de mi problema real" "¿Cómo sé que eres competente?" "No te creo en absoluto" "No lo necesito en este momento" "No me ayudará de ninguna manera" "¿Qué pasa si no lo encuentro útil?" "No puedo permitirme comprarlo" y así sucesivamente.

La carta de ventas debe jugar con las emociones del lector en la medida en que se sienta lo suficientemente inspirado como para actuar. La carta debe intentar atacar esos "botones calientes" o puntos de presión emocional, que persuadirán al lector de comprar. Los dos principales factores de motivación son la promesa de ganancia y el miedo a perder.

¿Preferiría comprar un curso de $ 60 sobre "Cómo mejorar su carrera
El segundo título se venderá mejor. ¿Por qué? Porque aborda el miedo a la pérdida.

El siguiente es un modelo de 12 pasos para escribir cartas de ventas infalibles.

Trate de llamar la atención:
Suponiendo que el lector haya abierto su sobre; el siguiente paso importante es llamar su atención. El título es lo más importante para su lector. Las personas tienen una capacidad de atención muy

limitada y, por lo general, tiran su correo a la papelera a menos que el título salte a la vista.

A continuación, se muestran tres ejemplos de plantillas de titulación que han demostrado generar concentración.

CÓMO ____________________ "

¡LOS SECRETOS ESENCIALES DE ________________ DESCUBIERTOS! "

ADVERTENCIA: NUNCA TE ATREVES A __________ HASTA QUE TU __________.

Identificar el problema del lector: Ahora que el lector le ha prestado toda su atención, debe ir directamente al área del problema. Intente empatizar con él.

Otro método consiste en agitar el problema. Le presentas el problema, luego lo excitas para que él realmente sienta el dolor y la angustia de su situación. Las personas son criaturas de costumbres, tan robustas que apenas nos molestamos en cambiar nuestras costumbres a menos que sintamos una inmensa cantidad de dolor. De hecho, las empresas no son distintas. La mayoría de las empresas se demoran en hacer lo mismo hasta que las cosas empeoran tanto que tienen que hacer una modificación.

Proporcione la solución al problema: Ahora que ha identificado el problema del lector, se convierte en el "salvador" al brindarle la solución al mismo. Presenta su producto o servicio y le muestras cómo todos sus problemas desaparecerán una vez que obtenga el mismo.

Presente sus credenciales al cliente potencial: El simple hecho de decirle al lector que puede hacer su vida más cómoda y conveniente no lo empujará a saltar y agarrar sus cosas. Necesita generar confianza y demostrar su credibilidad. Puede hacer esto de la siguiente manera:

• Enumerar casos de éxito e instancias.

• Nombrar empresas (o personas) prestigiosas con las que haya hecho negocios.

• Mencionando su experiencia laboral.

• Mostrando importantes premios y reconocimientos que ha ganado.

Muestre los beneficios de sus productos: Ahora debe decirle al lector cómo se beneficiará personalmente de su producto o servicio. No se limite a mencionar las características. A nadie le interesan solo las funciones. Lo que puede hacer en su lugar es dibujar dos columnas. En una columna, puede escribir las características y en la otra, mencionar cualquier beneficio concebible que puedan recibir de la característica. También puede usar viñetas para cada beneficio para que sea fácil de navegar.

Da tu prueba social: Después de haber presentado todos sus beneficios, ahora necesita construir su credibilidad y confianza con su lector con testimonios de clientes satisfechos.

Los testimonios son herramientas de venta influyentes que establecen que sus afirmaciones son ciertas. Otra forma de hacer que su testimonio sea aún más influyente es incluir fotografías de sus clientes con sus nombres, direcciones y números de teléfono. La mayoría de los lectores no llamarán para averiguarlo. Pero si incluye los números, le da mayor credibilidad.

Haga su oferta final: Su oferta es el elemento más esencial de su carta de ventas. Si su oferta es excelente, incluso una copia de venta mediocre la hará irresistible.

Su oferta puede venir en muchos diseños diferentes. Las mejores ofertas suelen ser una atractiva combinación de precios, condiciones y obsequios. Siempre es más lucrativo agregar más y más beneficios a su oferta en lugar de simplemente reducir el precio.

Dar una promesa o garantía: Puede hacer que su oferta sea aún más atractiva eliminando el factor de riesgo. Recuerde que la gente tiene un miedo inherente a que los especialistas en marketing estén ahí para engañarlos.

Ofrezca una garantía muy sólida, pero solo si tiene suficiente confianza en su producto o servicio. Si brinda una garantía y luego no la cumple, su credibilidad se hace añicos. Así que tenga cuidado. Si su producto o servicio es lo suficientemente bueno, muy pocas personas necesitarán un reembolso.

Inyecte los elementos de escasez: La mayoría de las personas se toman su tiempo para responder a las ofertas, incluso cuando son atractivas. Puede haber muchas razones para ello, como:

- No sienten suficiente incomodidad para hacer un cambio. o están demasiado ocupados y eventualmente se olvidan.

- No creen que el valor percibido justifique el precio solicitado. o son simplemente vagos.

Para estimular a las personas a tomar medidas, debe agregar incentivos a la oferta. Puede crear una sensación de escasez informando a su lector que la oferta o la cantidad son limitadas. También puede mencionar que su oferta es válida solo por un período de tiempo limitado.

Tu oferta podría decir algo como esto:

- "Si compras antes de (fecha de tal y tal), recibirás un montón de obsequios".

- Nuestro suministro está limitado a solo 60 (producto o servicio) y lo recibirá por orden de llegada. Una vez agotados, no habrá más disponibles ".

- "Este precio es válido solo durante los próximos 15 días".

Pero una vez que haya hecho tal oferta, no puede volver atrás y seguir extendiendo la última fecha. Esto hará que tus clientes pierdan la confianza en usted.

Llamada a la acción: No suponga que su lector está familiarizado con lo que debe hacer para obtener los beneficios de su oferta. Debe guiarlos cuidadosamente sobre cómo hacer el pedido en un lenguaje muy comprensible y conciso. Dígales si desea que lo llamen, envíen un fax o hagan clic en el botón de pedido en su sitio web.

Dar un aviso:

Una buena carta de ventas debe persistir para generar emoción, incluso después de su llamado a la acción.

Puede utilizar la estrategia de "riesgo de pérdida" para que el lector sepa lo que sucedería si no aprovechara su oferta existente, o que está perdiendo la oportunidad de recibir todos sus valiosos obsequios, o que, si no compra su servicio, su vida no mejorará.

Trate de pintar una imagen triste en la psique del lector sobre la pena de no tomar medidas ahora. Explíqueles cuánto se están perdiendo en la actualidad.

Cierre con un recordatorio adecuado:

Siempre debe incluir una posdata (PS). En su posdata, es posible que desee recordarles su atractiva oferta. Si ha utilizado la escasez en su carta de ventas, incluya su llamado a la acción, luego recuérdeles la oferta de tiempo restringido (o cantidad).

Con esta fórmula de 12 pasos, cualquiera puede escribir una carta de ventas eficiente que venda.

Los siguientes son algunos consejos adicionales que le ayudarán a redactar una carta de ventas aún mejor:

Consejo 1: mencione siempre las características/beneficios - El mayor obstáculo para escribir una carta de ventas brillante es apenas empezar. Tome papel y lápiz y enumere todas las características de su producto o servicio. Luego tome otro documento y enumere los beneficios que se pueden derivar de su producto o servicio.

Consejo 2: una vez que haya terminado con la carta, olvídese de ella por uno o dos días.

Esto le permitirá ser más práctico cuando edite su carta.

Consejo 3: Cuando vea un anuncio bien ejecutado o una carta de ventas del sitio web o reciba una carta realmente efectiva por correo o correo electrónico, guárdelo en un archivo o carpeta al que pueda consultar una y otra vez. Sigua comparando ideas.

Consejo 4: Antes de comenzar a escribir su carta de ventas, cree un perfil de cliente hoja registrando todo lo que sabe sobre su cliente objetivo.

Consejo 5: Mantenga su carta de ventas tan extensa como sea necesario. Puede convertirlo en un artículo breve de 2 páginas o en un libro electrónico de 50 páginas. El propósito esencial de ambos es inyectar emoción e impulsar la acción.

¿Qué preguntas fundamentales debe responder su carta de ventas?

¿Quiénes son sus posibles clientes?

Antes de escribir su carta de ventas, debe dirigirse a su grupo de clientes. Debe saber a quién desea vender su producto o servicio. Si estuviera ofreciendo un palo de golf diseñado para jugar al golf, no lo comercializaría a los hombres en general. Lo reduciría a las personas que practican ese deporte. Tiene que ser muy específico.

¿Cómo se diferencia su producto o servicio?

¿Qué hace que su producto sea diferente al de la competencia? ¿Ha realizado un estudio comparativo? Si hay algo único en el producto, preséntelo a los lectores.

¿Por qué debería tener fe el cliente potencial?

Con todas las estafas e información falsa que se da a través de la publicidad, el escepticismo se establece bastante rápido. Por lo tanto, debe hacer que su cliente potencial considere que lo que le está diciendo es la verdad irrefutable. Desarrolle su credibilidad ofreciendo estadísticas y testimonios.

¿Cuáles son todos los beneficios que ofrece su producto o servicio al consumidor?

Enumere todos los beneficios visibles y no tan visibles que hacen que su producto sea irresistible para no aceptarlo.

¿Por qué su cliente potencial podría rechazar su oferta?

Camine una milla en la piel de su posible comprador. De esta forma sabrá qué reservas u objeciones puede tener. Una vez que lo sepa, trabaje en él y resuelva las consultas.

¿Por qué debería actuar ahora su cliente potencial?

La pregunta final que debe responder a su cliente potencial es por qué necesita actuar sin más preámbulos. Dele un motivo auténtico para actuar al instante. Dale un precio especial si actúa en los próximos días. O dígale que las cantidades son restringidas y una vez agotadas las existencias no se venderán al mismo precio.

Solo asegúrese de que su exigencia sea creíble.

¿Es la estética importante para su carta de ventas?

¿Te importa la apariencia? Como la mayoría de las personas, incluidos sus clientes y posibles clientes, su respuesta es "Sí". Predominantemente en ventas, la apariencia es fundamental. Por ejemplo, en una situación competitiva, en igualdad de condiciones, la apariencia del vendedor puede ser el factor decisivo para cerrar un trato.

La apariencia también es crucial para el éxito de su carta de ventas.

El especialista en marketing con una lista de correo extremadamente dirigida, una oferta sólida y una copia exitosa, y que presta mucha atención a cómo se ve su carta, definitivamente obtendrá más pedidos que la persona que se enfoca solo en el contenido, sin importarle la estética.

Consejos sobre cómo hacer que una carta de ventas se vea bien:

Consejo 1: Utilice siempre una fuente de fácil lectura. Casi todos los periódicos y revistas de noticias utilizan fuentes con Serif en la mayor parte de su contenido editorial. Fuentes como Times Roman, Courier y Century son mucho más legibles que fuentes como Arial, Helvética.

Consejo 2: Haga que su titular sea pegadizo. También debe mantener su párrafo inicial entre una y tres líneas.

Consejo 3: Intente restringir la longitud de todos sus párrafos entre 4 y 6 líneas. Tu carta debe tener un aspecto atractivo y amigable para el lector. Su prospecto definitivamente no estará muy feliz de ver párrafos llenos de 9 a 11 oraciones.

Consejo 4: Varíe la longitud de sus párrafos para que no se vuelva demasiado mundano.

Consejo 5: Establezca la copia del cuerpo de su carta en un tipo de 10-11 puntos y use subtítulos, viñetas y otros dispositivos para llamar la atención. Considere siempre la audiencia a la que está escribiendo. Si está escribiendo para la gente de veintitantos, lo más probable es que pueda utilizar el tipo de 10 puntos. Por otro lado, si se dirige al mercado "adulto", es posible que desee utilizar un tipo de fuente de 14 puntos. Los subtítulos centrados y envalentonados y otros dispositivos que atraen la vista pueden mejorar el número de lectores.

Subtítulos, listas con viñetas, envalentonamiento y otros dispositivos le darán a su carta un atractivo adicional y una respuesta mejorada. Pero tenga cuidado de usar estos dispositivos con cuidado. El uso excesivo de ellos puede contrarrestar su eficacia general.

El uso de estos 5 consejos atraerá más miradas, hará que la gente lea durante más tiempo, creará más clientes potenciales y, en última instancia, cerrará más ventas.

Recuerde siempre que su carta estará compitiendo con quizás decenas de otras cartas de ventas recibidas todos los días, enviadas por vendedores que compiten por atención. Para eliminar el desorden, su carta de ventas debe ser excelente, diversa, competente y relevante.

Las frases breves y poderosas mejoran el impacto de su carta de ventas

Un eslogan es un "sustantivo persuasivo que crea una frase, lema o jingle memorable, que expresa un objetivo o concepto particular. Un concepto que quieres pegar en la mente de tu audiencia como pegarlo al papel".

¿Qué hace que un eslogan sea inolvidable? La concisión es el primer aspecto a considerar, normalmente 10 palabras o menos. El lema debe seguir un ritmo particular.

En tercer lugar, ¿cuáles son los beneficios de utilizar eslóganes? La brevedad, como se mencionó anteriormente, cumple con los requisitos del ritmo acelerado de hoy. Los lemas también manipulan las decisiones, persuaden y añaden confiabilidad. Por lo general, un eslogan facilita que el cliente potencial recuerde e identifique un producto o servicio.

Frases simples y poderosas motivan los sentimientos de los clientes y generan una decisión emocional para comprar. Puede aumentar sus ventas utilizando frases poderosas en sus cartas de ventas.

Una frase poderosa ayuda a su cliente a imaginar cómo se sentirá cuando sea dueño de su producto o use su servicio. Cree un sentimiento imaginado y motive a su cliente a traducir ese sentimiento en realidad. Las frases poderosas aumentan el anhelo del cliente por su producto o servicio y provocan una decisión emocional de compra.

Crear una frase poderosa es simple. Empiece por registrar algunos de los principales beneficios que reciben sus clientes cuando deciden comprarle. Luego, combine algunas palabras de acción altamente expresivas sobre uno o más de esos beneficios en una frase corta.

A continuación, se muestran algunos ejemplos de frases de poder utilizadas por diferentes tipos de empresas:

"¡Rápido! ¡Simple! ¡Asequible!"

"Te aseguro resultado inmediato en mi producto".

Mire las palabras utilizadas en las dos frases de poder anteriores. Las frases poderosas usan palabras efectivas para crear declaraciones contundentes.

Las frases de poder más efectivas generalmente unen 3 palabras o 3 grupos de palabras en una serie. Por ejemplo:

"Ahorre tiempo. Ahorre dinero. Ahorre molestias".

"¡Rápido! ¡Simple! ¡Asequible!"

"Disfrútalo en casa, en la oficina o en tu coche"

"Autoridad, desempeño e impulso"

Hay cinco tipos principales de lemas:

• Una característica: una exclusividad o diferencia entre una sustancia, producto u objeto. Ejemplo: "Escriba un libro electrónico en 10 días".

• Un beneficio: un resultado que alguien recibe. Recuerda, esto te salva [tiempo o dinero].

• Una consulta: métodos que invitan a la reflexión. "¿Cómo le gustaría ganar sin tener que invertir un solo centavo?"

• Un reto: Un reto. Ejemplo: Los marines, "Solo estamos buscando unos pocos hombres excepcionales".

• Una estructura: un diseño que se puede armar para un propósito particular.

Hay formas de hacer que un eslogan sea memorable:

• Hazlo emocionante o Ser arrogante

• Autorreferenciación

• Figurativo, juguetón o humorístico o Inspirador o motivador

• Para generar recuerdos dolorosos o Uso de lenguaje dramático

Los lemas de vida ayudan a fortalecer las metas, los sueños e incluso a cambiar las creencias. En los negocios, los lemas se utilizan generalmente para presentarse a sí mismo, en anuncios prospectivos, en sitios web, en firmas de correo electrónico e incluso en charlas. Sea imaginativo, use un eslogan en cada uno de sus procesos de ventas y marketing, y cámbielos regularmente si es necesario.

¿Por dónde empieza a construir lemas? Lea cualquiera de sus notas o material. Enfatice las frases que contienen mucha energía. La rima ayuda a crear eslóganes destacados. Lea poesía en busca de pistas o lenguaje que influya o inspire.

Palabras Programables

Identificar qué diferencia a las personas exitosas del resto, fue el punto de partida de los creadores de PNL (Programación Neurolingüística), una metodología que presupone la reprogramación del comportamiento humano a través del lenguaje utilizado, es decir a través de las palabras. La idea principal en PNL, es que, a lo largo de la vida, aprendemos el uso y significado del lenguaje, lo experimentamos y lo vivimos sin darnos cuenta, porque las palabras nos afectan, para bien y para mal, activando nuestro sistema neuroquímico en cada ocasión, es decir, que ciertas y determinadas palabras nos programan, (positivas o negativas), así mismo, cuando nosotros hablamos a los demás, sucede lo mismo, también los programamos. De esta forma el lenguaje se convierte en uno de los principales filtros de la realidad, pues a través de él se expresan identidad, valores y creencias. Palabras "negativas" como "nunca, nadie, todos y siempre", son generalizaciones peligrosas, porque son absolutas y falsas, y por si solas descalifican las ideas "positivas" como "esperanza, posibilidad, tal vez, puede ser". La teoría principal de PNL, es que el poder del lenguaje es tan importante, que tiene capacidad de influir sobre las personas de manera constructiva o destructiva.

Palabras Exitosas

Muchas veces el escritor está más concentrado en el continente que en el contenido, es decir, ¿Cómo relatar una historia? y no en ¿Qué historia relatar?, ya que el éxito de las ventas dependerá en la forma de relatar la historia, más que en el contenido de la misma, determinando que en las palabras que escribimos podría estar la razón del éxito o fracaso del negocio, es decir, que el éxito se vinculará a la forma en como un escritor puede hipnotizar o manipular a sus potenciales compradores, utilizando las palabras justas en el párrafo adecuado, porque la idea central es captar una parte de la realidad de cada lector, dándole un significado a la información que posea, incluyendo en el relato sus propias experiencias. El escritor debe "manipular" los filtros de la realidad de cada lector, influyendo mediante el lenguaje en sus experiencias individuales, creencias, incluso en su sistema cognitivo, para esto el escritor debe "anclar" en el lector palabras que despierten "dudas", "curiosidad", "temores", "incertidumbres" que asocien un estímulo sensorial con un estado de ánimo interno.

Palabras que "Califican"

Describir a un personaje como inteligente, culto, talentoso, sabio, entendido, académico, notorio, hábil, refinado, atractivo y/o amable, creara simpatías con el lector, porque se identificará con alguno de estos calificativos, en cambio describir a un personaje como fracasado, torpe, amargado, quebradizo, endeble, flojo, esmirriado, enclenque, deleznable, despreciable, creara antipatía en el lector, ya que culturalmente despreciamos estos calificativos. Esto parece una observación sutil, pero no lo es, ya que inconscientemente el lector asociara lo bueno y lo malo a estos personajes, sensibilizándose ante estos calificativos, porque las palabras construirán sus realidades. Por supuesto que en la vida real no existen las personas totalmente buenas ni totalmente malas, y los personajes debe seguir estas reglas, por esa razón los buenos deben tener algunos defectos, los malos algunas virtudes, pero que en ambos casos no desvirtúen sus características principales.

Palabras que "Amarran"

El objetivo del escritor es crear situaciones, en su historia, que "amarren" al lector, utilizando palabras que definan ese momento especifico y necesiten respuestas por sí mismas, es decir palabras "manipuladoras". No hace falta escribir una historia policial o de espionaje para despertar curiosidad en el lector, existen palabras que penetran la mente y quedan ancladas en el cerebro, creando la necesidad en el lector de seguir leyendo la obra, y aumentar esa necesidad a media que avanza. Algunas de estas palabras son: "secreto", "vigilante", "íntimo", "confidente", "delator", "traidor", "ambiguo", "interrogación", "dudoso", "confidencia", "saboteador", "ignoto", "oculto", "enigmático", "inexplicable", "confuso", "inescrutable", "hermético", "anónimo", "indescifrable", "escondido", "incógnito", "intrigante", "clandestino", "encubierto" y muchas más.

Por qué ciertas cartas de ventas pierden negocios

Cualquier asesor puede decirle que existen numerosos métodos para perder una venta, incluso cuando esté seguro de ganarla. La mayoría de las veces, la laguna permanece en la carta de ventas en sí. La mayoría de los vendedores babean cuando los clientes piden ofertas. Después de todo, es emocionante tener un prospecto para demostrar tus cosas, ganárselo y luego cerrar el trato. Pero crear una propuesta impresionante no es nada fácil, y el proceso requerirá una gran cantidad de tiempo y energía.

A continuación, se ilustran algunas de las razones por las que una carta de ventas pierde oportunidades y cómo evitarlas.

1. No juegues al mayordomo solitario

Algunas personas realizan una investigación rigurosa sobre el cliente y el proyecto, pensando que es más que suficiente. Luego se sientan a crear su propuesta de forma aislada. Eso es un grave error. No puede simplemente crear una propuesta a menos que el cliente sea un miembro activo en cada etapa del proceso de la propuesta, incluida la investigación, los objetivos, los beneficios potenciales, el alcance, el enfoque, etc.

2. No empiece con sus calificaciones

No inicie su propuesta con la magnífica historia de su firma. Sus clientes están interesados en lo que realmente puede hacer por ellos. Comience su párrafo principal enfocándose en su programa y no en lo grandioso que es usted.

3. No descuide la sinopsis de beneficios

A muchos responsables de la toma de decisiones les preocupan básicamente dos objetos: los beneficios que el producto ofrece y el precio. Sin embargo, sorprendentemente, algunos vendedores no incluyen resúmenes de beneficios en sus cartas de ventas. Si omite el resumen ejecutivo, puede estar seguro de que su carta se colocará cómodamente en la papelera.

4. No se centre solo en sus herramientas

A los clientes solo les importa el resultado, no las herramientas, los métodos y los enfoques que utilizará para alcanzar el resultado. No parlotee sobre cómo quiere hacer esto y aquello. Dígales qué puede hacer y cuándo. El "cómo" se puede discutir más adelante, una vez que haya logrado empaquetar el proyecto.

5. Sea breve y agradable

La investigación muestra que, si se les da una opción, los clientes consideran una propuesta más corta antes de perderse en una carta de ventas larga y ventosa llena de gráficos y especificaciones técnicas. Mantenga sus propuestas lo más concisas posible, pero debe asegurarse de cumplir con los requisitos de sus clientes. ¿Por qué los materiales de marketing o promoción deberían ser diferentes? Recuerde, está teniendo una conversación con el comprador. De alguna manera es realmente íntimo. Le está pidiendo al comprador que llegue a una conclusión de compra que afectará, de manera humilde o incluso importante, su vida, vocación o negocio. ¿No merece él o ella un tono de conversación amistoso?

Un sabor conversacional en la redacción de textos publicitarios no significa inevitablemente informal o tímido para el trabajo. 2 ingenieros hablando sobre un nuevo sistema de válvulas de propulsión hablarían de manera muy diferente a 2 surfistas deliberando sobre las virtudes de una nueva tabla. La autoría conversacional se trata de conectarse con el público objetivo recreando el estilo, el tono y el lenguaje que utilizan esas personas cuando discuten una determinada clase de productos o servicios.

No es de extrañar que las piezas promocionales más exitosas jamás compuestas tengan un tono conversacional. En muchos de estos, obtienes un verdadero sentido de la voz del escritor, y qué voz útil, esclarecedora y persuasiva es. Esa voz puede ser más perceptible en una carta de ventas y menos en un folleto o comunicado de prensa, sin embargo, está ahí.

6. No utilice el mismo currículum

Cada situación es de alguna manera diferente a la otra. Por lo tanto, no puede presentar el mismo currículum a todos. Prepare diferentes plantillas. Personalice su currículum para cada cliente. Hágales saber qué variadas experiencias tiene.

7. No cargue su propuesta con jerga

La mayoría de las cartas de ventas están llenas de jerga y palabras que suenan técnicas. Tal lenguaje florido puede ser adecuado para los libros de texto, pero generalmente apaga al cliente. Intente utilizar un lenguaje sencillo e informativo.

8. No cortar ni pegar

Para ahorrar tiempo, algunas empresas creen en el síndrome de cortar y pegar. ¿Y cuál es el resultado? El cliente recibe la propuesta de una empresa con el nombre de la dirección de otra, o viceversa. Asegúrese de revisar la carta de ventas detalladamente antes de enviarla por correo al cliente o subirla a su sitio web. Ahórrese la vergüenza.

9. Sea puntual

No intente engañar a sus clientes. Si no cumplió con el plazo para presentar la propuesta de venta, sea sincero y solicite una extensión. No trate de dar excusas tontas.

Una propuesta brillante puede ser crucial para premiar un proyecto; una mala puede hacer que lo arruine, incluso si otras cosas involucradas en el proceso de venta han salido perfectamente. Así que trate de evitar los defectos básicos mencionados anteriormente.

¿Qué son los errores letales en las cartas de ventas?

Para que usted tenga éxito, el cliente potencial debe abrir, leer, creer y actuar en su carta de ventas. Para hacer esto, tiene que atraer interés y generar un deseo por su producto o servicio.

Se supone que una carta de ventas exitosa logra el mismo resultado que un vendedor exitoso. Del mismo modo, como un vendedor, la carta de ventas también querrá evitar ciertos errores.

Aquí hay algunos errores letales, que cometen la mayoría de las cartas de ventas.

Error # 1 Trate de no utilizar la actitud de envío masivo. Es posible que el receptor no aprecie ese hecho. En el momento en que vea que es uno de esos correos masivos, lo tirará.

Escribir su carta con una "mentalidad de rebaño" en lugar de centrarse en un único prospecto individual realmente dañará la posibilidad de que su carta establezca un vínculo real con el lector.

La carta de ventas es el único tipo de herramienta de marketing que es uno a uno. Así que hágalo lo más personal posible.

Error # 2 No escriba cartas largas y aburridas. ¿Cuál en su opinión de una carta larga? Incluso una carta de una página puede parecer larga. Esto es así porque no es la longitud lo que es largo, sino el contenido de la carta.

La gente ve películas largas, lee libros extensos, etc. Pero solo si son interesantes. Si sigue y sigue de una manera aburrida, entonces es probable que vaya cómodamente al contenedor más cercano.

Ofrezca un producto o servicio adecuado a un precio adecuado y preséntelo de manera interesante. La mitad de la batalla está ganada.

Error mortal en la carta de ventas: No se limite solo al español formal, gramaticalmente correcto. En la escuela, se les pagó a sus maestros y profesores para que corrigieran sus asignaciones de acuerdo con las reglas formales de la gramática. Pero en realidad, la publicidad escrita es un juego de pelota completamente diferente.

Debe escribir su carta en un lenguaje más "común" e informal, para que sea más fácil de usar. Es posible que deba romper ciertas reglas gramaticales. Es posible que deba comenzar las oraciones con "y" o "pero". Puede que tenga que utilizar abreviaturas y palabras fragmentadas. El objetivo básico de una carta de ventas no es obtener un grado A, sino generar ventas.

Error # 4 No permita que el lector presente ninguna excusa para no leer su carta. En realidad, a nadie le interesa quién es usted o qué producto y servicio ofrece. Solo están interesados en cómo usted puede beneficiarlos.

Por lo tanto, debe captar su parte de atención en los primeros 20 segundos o incluso menos. Empiece con una frase o un eslogan provocativo. Intente atacar las emociones. Su objetivo debe ser mantener la atención del cliente potencial.

Error # 5 No establecer correctamente su credencial. La evidencia que ofrece en su carta de ventas para respaldar su pedigrí puede tomar varias formas diferentes. Por ejemplo, incluya testimonios de personas que hayan utilizado y obtenido beneficios de su producto o servicio.

¿Cuáles son las trampas de un enfoque de "qué pasaría si"?

"¿Qué pasaría si pudiera demostrar cómo puede ahorrar dinero a pesar de no reducir sus gastos diarios?"

"¿Qué pasa si le digo que puede mejorar su participación de mercado en 3 meses?"

"¿Qué pasa si puedo hacerte perder peso en poco tiempo?"

Ahora, ¿qué pasa si usted es un consumidor potencial que ya ha escuchado estas declaraciones "falsas" antes. ¿Crees que estarás lo suficientemente motivado para comprar?

Las prácticas de venta intrigantes rara vez tienen éxito cuando se trata de lidiar con la oposición de los clientes, y realmente no tienen una posición en el mundo de las ventas competentes.

El método genuino es abordar la oposición de su cliente potencial durante el proceso de venta. Esto significa desarrollar las preguntas correctas desde el principio y personalizar su producto o servicio para resolver su problema.

Es cierto que muchas personas se opondrán a comprar sus cosas. La mejor manera de salir de esta condición es indagar acerca de sus necesidades reales, tratar de evaluar su problema y ofrecerles un producto o servicio que realmente los beneficiará. Y para eso, necesita dedicarle una buena cantidad de tiempo.

Necesita hacer preguntas de primer nivel que hagan pensar a su cliente. Esto puede parecer muy fácil; pero en realidad es muy complicado porque las preguntas desafiantes son difíciles de hacer. Muchos vendedores reconocen este tipo de preguntas como personales y, a menudo, imaginan que sus clientes no estarán entusiasmados por responderlas.

Lo que es importante recordar es que la mayoría de las personas hacen preguntas difíciles y, como consecuencia, tienen poca o ninguna incertidumbre para responderlas. De hecho, elevará su posición ante sus ojos.

Puede hacer preguntas como:

• ¿Cuáles son sus objetivos a corto plazo?

• ¿Cómo piensa lograr esos objetivos?

• ¿Qué enfrentamientos está experimentando para alcanzar esos objetivos?

Su objetivo básico de esta conversación sería averiguar qué problema está enfrentando el cliente potencial y cómo usted y su producto o servicio pueden resolverlo.

No huyamos de la verdad. Los compradores de hoy son mucho más complicados que nunca y, con toda probabilidad, han escuchado cada línea similar a lo que usted quiera decir. Y detestan a las personas que usan líneas tradicionales y clichés o enfoques manipuladores.

La mayoría de la gente articula ciertas objeciones sobre la toma de una decisión de compra. Por lo tanto, las ventas se cierran porque su comprador ve el valor de su producto o servicio o porque usted ha demostrado ser un especialista que puede ayudarlo a resolver un problema.

Simplemente preguntar "¿Y si pudiera?", no es un avance exitoso. Es un cliché y casi no funciona hoy en día.

¿Qué hacer cuando simplemente no puede escribir una carta de ventas?

Necesita tallar una carta de ventas, pero simplemente no puede encontrar las palabras. Piensa y piensa y piensa, pero en vano. ¿Entonces qué hace ahora?

Es una situación realmente desesperante y nos puede pasar a todos en cualquier momento. Pero hay una excelente manera de hacer fluir su creatividad.

Hacer preguntas

¿Conoce realmente su producto?

Suponga que está vendiendo una cinta de correr. Realmente necesitas saber cómo se siente al usarlo. ¿Cuándo puedes usarlo? ¿Cuáles son las limitaciones y los efectos secundarios?

Conocer y preocuparse por su producto le da la pasión de contarlo al mundo entero. Para alabarlo. Amarlo. Para alardear de ello.

Así que ahora se supera el primer bloque. Ahora que conoce el producto y está enamorado de él, puede seguir hablando para describirlo.

A continuación, registre las razones por las que, y cómo le ayudará, en todo caso. ¿Hará mi vida más fácil? ¿Agregará valor? ¿Resolverá algún problema? Además, ¿es demasiado caro? ¿Es demasiado feo, etc.?

Enumere todo: lo bueno, lo malo e incluso lo feo.

Necesita averiguar la razón por la que la gente le comprará.

¿Qué tiene de especial su producto o servicio? La mejor forma de hacerlo es mediante una lluvia de ideas.

En breve, tendrá tantas opiniones que le golpearán que no podrá seguir el ritmo. Simplemente continúe el proceso hasta que haya agotado todas las ideas.

Una vez que haya terminado, todo lo que necesita hacer es echar un vistazo a lo que ha escrito y hacer una lista de todas las ideas espectaculares que tiene. Enumérelos en orden de prioridad.

Ahora tienes el borrador de su carta.

Utilice la base más significativa de la lista, el motivo principal por el que alguien debería comprar su producto, y conviértalo en un titular maravilloso.

Permita que las ideas de la lista se viertan en su carta de ventas utilizando subtítulos o puntos destacados cuando necesite enfatizar un punto. Pronto, su carta casi se habrá escrito sola.

La disparidad entre una carta de venta y un anuncio

La gente a menudo confunde el anuncio de condiciones y la carta de ventas. Ambos están destinados a conseguir nuevos objetivos o vender un producto o servicio. Pero existen diferencias significativas en cómo actúan.

Una carta de ventas es una forma de publicidad más individual que cualquier anuncio. Miles o quizás millones de lectores serán testigos de un anuncio en una revista o un periódico. Una carta de ventas es solo para los ojos del lector previsto. Aunque las cartas de ventas a menudo se imprimen en grandes cantidades, el lector aún considera el correo como más personal que un anuncio en un periódico o revista.

A diferencia de un anuncio, una carta de ventas es más personal, informal y cálida. Esto transmite un tono más informal y natural. De esta manera, el lector tiene una mejor idea del carácter, el interés y la seriedad del escritor.

La atención es fundamental

Para cualquier especialista en marketing, la atención es un producto preciado. Con los consumidores bombardeados con miles de cartas publicitarias cada día, el desafío es cómo hacer que su mensaje se destaque entre la multitud se vuelve aún más serio.

Cualquier carta de ventas ganadora debe lograr dos cosas:

1.   Debe hacer que el cliente potencial lea toda la carta.

2.   Debe incitar al cliente potencial a realizar la acción deseada. Si el especialista en marketing no logró el Paso 1, el Paso 2 es imposible.

Muchos especialistas en marketing intentan que el sobre sea muy atractivo. Saben que su batalla está medio ganada si pueden hacer que el cliente potencial abra la carta.

Para los especialistas en marketing en línea, no existe la posibilidad de un sobre. Algunos webmasters crean imágenes flash para atraer lectores.

Consejos para llamar la atención:

1.   Varias pruebas han demostrado que un título ROJO se destaca sobre cualquier otra elección de color de fuente. El color rojo a menudo se relaciona con el peligro, pero también significa: "Esto es significativo. ¡Léame! "

2.   Elimine cualquier cosa de la página que retrase el mensaje de ventas o distraiga de él. Esto comprende la mayoría de gráficos animados y colores intensos para el fondo de la página que compite con el texto del primer plano. Nada llama la atención que tan solo una simple fuente negra junto con un fondo blanco. Si puede restringir la cantidad de colores utilizados a tres o tal vez menos, esto también ayudará.

3.   No haga el texto demasiado ancho, ya que se vuelve monótono leer de una línea a la siguiente porque se requiere demasiado movimiento de la cabeza y los ojos.

4.   El titular debe ser pegadizo e interesante y debe llamar la atención.

5. El formato y el diseño de la carta de ventas deben ser atractivos para leer. El resaltado, negrita, viñetas y subtítulos adecuados hacen que la letra sea fácil de leer.

6. Haga que la carta sea muy atractiva.

7. La carta debe pedirle al usuario que siga leyendo. Necesita seguir empujando al cliente potencial para que lea más.

8. Sea EXCLUSIVO. Si todas las cartas de ventas de su sector se ven y se leen idénticas, ¿por qué un cliente potencial debería leer las suyas? Puede utilizar mascotas, humor, dibujos animados, etc.

9. Enfoque su mensaje en el lector, no en su organización o producto. Este es un colapso principal de las grandes empresas que piensan que todos deberían estar familiarizados con lo grandiosas que son sus corporaciones. Pero su perspectiva se inspira esencialmente en deseos egoístas. Necesita saber qué hay para él.

¿Qué tipo de carta de ventas se lee?

¿Qué tipo de carta de ventas mejora las ventas? ¿Qué tipo de carta de ventas mantiene intacto el interés del lector hasta la última palabra?

Yo diría que tiene que ver con el "tono conversacional" de la carta de ventas. Te sientes como en casa con un buen amigo que te está dando algunos consejos sobre una bebida refrescante y bocadillos. Estás relajado y cómodo.

Entonces, ¿cómo se genera un tono de conversación?

1) Use oraciones sucintas. Cuando habla con un amigo, habla en frases. No utilice frases largas, complicadas y llenas de jerga.

2) Utilice imágenes de palabras descriptivas. Use palabras que creen una imagen en su mente. Descríbalo a fondo. Genere una imagen.

3) Escriba lo que venga de su corazón. ¿Editas cuando hablas con tu amigo? Casi nunca. Del mismo modo, sigua escribiendo lo que le salga del corazón.

4) Hable con su cliente potencial en su propio idioma. Mencione algo con lo que pueda identificarse, que no esté en el lenguaje profesional.

Solo inténtelo y observe el cambio.

Algunos consejos para dar formato a su carta de ventas

1. El titular debe ser pegadizo y estar en el vértice de la página para que el lector pueda verlo sin desplazarse.

2. El color más fino para usar en el título es ROJO.

3.   Inserte su nombre cerca de la parte superior de la página y antes del cuerpo del texto "ventas" y también en la parte inferior del texto "ventas".

4.   Escanee su firma real e insértela.

5.   Utilice subtítulos.

6.   Los subtítulos deben ser del mismo color que el título principal, ROJO.

7.   Atraiga el interés de sus testimonios inscribiéndolos en recuadros separados. También puede utilizar un color diferente para la caja.

8.   Un buen testimonio debe indicar específicamente lo que le gustó al cliente satisfecho de su producto, servicio, etc. Resalte lo específico que le gustó a esa persona.

9.   Intente evitar poner el precio en rojo, ya que rojo significaría detenerse. Puede ser bueno para el titular, pero no para el precio.

10.   Las bonificaciones deben relacionarse con su oferta.

11.   Resalte las partes importantes de su carta de ventas.

12.   Utilice un método de pago que tenga cierta credibilidad y aceptación, y mejor aún, incluya varios métodos de pago diferentes.

13. Al igual que funcionan en papel, las notas adhesivas en su sitio web encapsulan la atención de sus visitantes durante unos segundos. Asegúrese de que esos segundos funcionen para usted.

14. Utilice espacios en blanco para dar un respiro al desorden. Dele descanso a la vista.

15. La fuente y el color elegidos deben ser legibles y atractivos.

16. Una carta de ventas siempre debe usar una llamada a la acción. Especifique cómo desea que actúe su cliente potencial. No presuma que él lo sabrá.

¿Qué es mejor? Una carta de ventas larga o corta

¿Una carta de ventas larga genera ventas o una corta? De hecho, lo largo o lo corto es relativo. El objetivo básico es ser interesante. Si la carta de ventas es interesante, entonces puede vender su producto o servicio independientemente de que esté en una o 24 páginas.

Se ha observado que una carta de ventas larga e interesante traduce constantemente más prospectos en clientes compradores.

¿Por qué esto es tan así? Una carta de ventas larga e interesante hace que el lector se sienta como en casa con un amigo. Evoca un sentimiento de compañerismo, que se profundiza a medida que avanza la carta. Te habla como si te conociera y se preocupara por ti. Crea un vínculo.

Su carta tiene que identificarse con sus prospectos e intentar conocer sus necesidades reales. La carta debe hacerles sentir que usted se identifica con el lector y se da cuenta de su problema

Esto crea una sensación de confianza. El cliente potencial siente que usted seguramente comprende sus problemas y espera ansiosamente su solución.

Su carta debe personalizarse para cada cliente potencial. Evite la "mentalidad de la multitud".

La fe es la emoción más importante que necesita para ganar. Una vez que sus prospectos comiencen a confiar en usted, no solo comprarán su producto o servicio, sino que lo recomendarán felizmente a otros. El boca a boca es otra valiosa herramienta de marketing.

¿Siempre tienes que usar el lenguaje correcto?

Muchos redactores creen que siempre tienen que usar la ortografía correcta y un español astuto cuando escriben una carta de ventas. Sin embargo, no siempre es así. La redacción publicitaria tiene muy poco que ver con la "redacción real".

Solo una mera parte de la carta completa implica "escritura real". Básicamente, se trata de cómo la formatea y cómo presenta la información a su posible cliente.

Por ejemplo: ¿Qué pasa si le envío una carta que fue escrita con un procesador de textos viejo y roto, con todo tipo de errores gramaticales? Y la carta decía, detrás de todos estos errores tipográficos, te elegí a través de una lotería para darte mil millones de dólares como ganancia inesperada. ¿Te preocupas por los errores ortográficos? No

Por otro lado, suponga que escribo una carta perfecta en papel de la mejor calidad. Sin errores ortográficos o gramaticales. También rocío un poco de perfume. Pero al final, estoy haciendo todo lo posible para venderle un viejo edificio en ruinas en las afueras. ¿Ahora te importa? Oh sí.

No es cómo lo articulas lo que realmente importa, es lo que dices.

La conclusión es: puede haber excepciones a esto, pero la verdad es que si te enfocas en distribuir tus propuestas a personas que ya han demostrado que están interesadas en productos o servicios similares al tuyo con una oferta realmente irresistible, tu posibilidad de embolsar el trato es mucho más alto que si simplemente te acercas a personas semi o no interesadas con una carta de ventas perfectamente escrita.

Monstruo de una carta de ventas

La mayoría de las veces, los especialistas en marketing producen sus propios monstruos (al igual que el Dr. Frankenstein) en sus cartas de ventas.

Las cartas de ventas funcionan mejor cuando tiene algo para vender. Básicamente se reduce a respuestas como esta: ¿Qué puedes hacer exactamente por mí? ¿Por qué cree que debería dedicar mi valioso tiempo a leer alguna de sus cartas? Rápido … convénceme de que necesito el producto o servicio que me está ofreciendo.

Al crear una mejor carta de ventas, comience y en lugar de usar la cabeza equivocada como nuestro Dr. Frankenstein, use la cabeza correcta.

La cabeza derecha puede crear o destrozar su carta de ventas. Enfóquelo firmemente en su mercado objetivo. Aborde un gran problema al que se enfrenta su objetivo (suponiendo que tenga la respuesta). Si puede hacer esto jugando inteligentemente con las palabras, entonces hágalo; pero si los juegos de palabras no son lo tuyo, hágalo simple y sin complicaciones. No existe una medida perfecta a lo largo de un título, pero no use mal las palabras. Manténgalo en una oración. El propósito es hacerles pensar en usted.

Una vez que los haya enganchado con su titular, no los deje escapar. Como ya hemos visto, PS es una de las partes más importantes de su carta. Así que no desperdicie su PD en palabras inútiles.

Diga algo que animará a su lector a volver al principio de la carta y continuar leyendo.

El primer párrafo también es muy importante, así que vaya directo al grano. Muéstrales el quid de su oferta. Hágales saber qué fortuna harán o qué tan cómoda será su vida o qué tan conveniente es la oferta, etc.

Si puede involucrar e interesar al lector en su primer párrafo, deje que el resto de la carta responda a las preguntas básicas y hable con él sobre las cuestiones generales, y preocupaciones que pueda tener su lector. Dado que ha trabajado tan duro, será una vergüenza perderlos por cuestiones técnicas.

Habla con su objetivo en su jerga. Escriba de manera informal. Haga preguntas y respóndalas. Cree una carta tan lúcida como pueda. Utilice el humor tanto como desee, pero tenga cuidado de que no falle. Los lectores no deben malinterpretar sus intenciones de ninguna manera.

Una vez que haya abordado todas las posibles dudas y preguntas del cuerpo, es hora de volver a dar lo mejor de usted. Repase su oferta. Y, si puede, ofrezca una garantía de cumplimiento. Cuando ofreces una garantía, disminuyes el cinismo en torno a la compra de su producto o servicio. Los consumidores son razonablemente cuidadosos y más cuando realizan compras a través de la Web. Y las garantías le otorgan una confianza casi inmediata con los posibles clientes. Las garantías aumentan el valor percibido.

Una vez que haya completado la carta, olvídese de ella por algún tiempo. Esto le permitirá ser más práctico cuando edite su carta.

Una carta de ventas nunca logrará todas sus expectativas. Continúe con sus otros esfuerzos de marketing y no se olvide de realizar un seguimiento rápido de todos los clientes potenciales creados por su carta de ventas.

La impresora de su empresa puede ayudarlo a crear tácticamente una campaña de impresión variable que se beneficia de la personalización. Aquí debe darse cuenta del valor de una buena impresión. Es decir, utilizando una impresora y papel de buena calidad. Aunque el costo real de cada envío será superior, el mejor rendimiento de cada envío en todo momento genera un mayor retorno de la inversión. La conclusión es que las buenas imprentas comerciales pueden ayudarlo a alcanzar sus objetivos de expansión de ventas con bastante facilidad.

Cree un presupuesto adecuado. Vea si puede controlar los costos de alguna otra manera. Pero no intente utilizar papel y tinta de baja calidad. Eso degrada la impresión del lector. Lo que básicamente importa es el contenido de la carta de ventas y no el brillo exterior. Del mismo modo, también es cierto que un buen papel brillante y tinta brillante definitivamente mejorarán las posibilidades de que su cliente potencial lea la carta.

¿Es cierto que las buenas cartas de ventas son como los buenos vendedores?

Descúbralo por usted mismo. Para empezar, debe compararlos con los anuncios de los periódicos que se colocan para los vendedores. Las cualidades que los empleadores buscan en un vendedor, debe buscarlas en una carta de ventas.

1. ¿Es un emprendedor?

Los mejores vendedores solo necesitan una mínima dirección. Se inspiran a sí mismos. Del mismo modo, su carta de ventas debe funcionar por sí sola. Si desea que su prospecto compre sobre la base de la carta, su carta de venta debe proporcionar cada beneficio, característica, promesa de venta, prueba y garantía que se necesitan para cerrar la venta.

2. ¿Tiene experiencia previa?

Los mejores vendedores se enteran de sus errores. También deberían hacerlo sus cartas de ventas. La carta que está a punto de enviar por correo debe ser probada para asegurarse de que su lista, su oferta, su imaginación y su tiempo sea lo mejor posible.

3. ¿Trabaja bien bajo presión?

Su cliente potencial está comprometido y desenfocado. Es muy probable que su carta llegue como una interrupción. Así que asegúrese de que su carta trabaje duro para captar la concentración de su probable comprador y haga su argumento de venta.

4. ¿Tiene excelentes habilidades de comunicación?

Asegúrese de que sus cartas de ventas sean sencillas y fáciles de usar. Debe hablar en el idioma general de la gente.

5. ¿Es enérgico?

Sus cartas de ventas deben tener una vivacidad clara.

6. ¿Tiene habilidades de organización comprobadas?

Una carta de ventas debe ser organizada y disciplinada.

7. ¿Es un jugador de equipo?

Ocasionalmente, su carta de ventas no podrá funcionar por sí sola. Si su carta tiene la intención de crear un cliente potencial y no realizar una transacción, por ejemplo, es probable que tenga otros actores del grupo como anuncios impresos, telemarketing, vallas publicitarias, etc.) con los que debe trabajar para llegar al objetivo requerido.

Debe asegurarse de que el tono de la carta de ventas esté a la par con las otras herramientas de marketing.

8. ¿Tiene excelentes habilidades de servicio al cliente?

Es cierto que las cartas de ventas son una conversación unidireccional, pero puede redactarlas para que parezcan más una conversación bidireccional, ¿no es así? Cuanto más sus letras evoquen un tono cálido, humano y real, mejor.

9. Solo deben postularse candidatos serios

Prepare y envíe por correo una carta de ventas sólo cuando se tome en serio la promesa y el cumplimiento de una oferta.

10. Hacer las preguntas correctas

También puede hacer preguntas más específicas como, "¿Se da cuenta de que tiene __ problema?" o "¿Tomarás esta decisión dentro de quince días?" "¿Te gusta mi producto o servicio?" "¿Le gustaría empezar de inmediato?" "¿Está satisfecho con su proveedor actual?" Tales preguntas obligan al prospecto a tomar una decisión.

Siempre debe hacer preguntas cerradas con un tono de voz afectuoso, amigable e inquisitivo. Sea siempre educado y amable. Nunca deberá usar la fuerza o la explotación. Nunca funciona.

Las diez reglas básicas para escribir una buena carta de ventas

Para muchas pequeñas empresas, una carta de ventas es la única herramienta de marketing. Puede que no tengan presupuesto para nada más. Pero una carta de ventas cuidadosamente trazada puede crear magia para sus ingresos y ganancias. Simplemente siga algunas de las pautas que se mencionan a continuación y verá cómo se disparan sus ganancias.

Siempre debe apuntar a los deseos, necesidades y deseos de sus clientes potenciales. Camine una milla en los zapatos del cliente potencial antes de escribir cualquier carta de ventas. Recuerde que lo que buscan en la carta es "¿Qué hay exactamente en ella para mí?" Así que diles lo que hay para ellos.

• Evite la mentalidad de la multitud. Escriba a personas específicas. Debería escribirle a una persona real y viva. Escriba la carta como si estuviera escribiendo a un amigo, no a miles de personas.

• La gente compra beneficios y no funciones. Debe comenzar por distinguir los beneficios de las características. La carta de ventas debería poder influir en su lector para que compre sus cosas basándose en el beneficio que obtiene el producto/servicio y no en sus características.

• Enganche a sus lectores con la primera línea en sí. Tienes que competir con varios correos no solicitados en un momento dado. Por lo tanto, su carta debe ser nítida y pegadiza. El titular debe hacer que el lector lea la primera línea, la primera línea debe hacer que lea la segunda, y así sucesivamente.

• Proporcione al lector información específica y relevante. No siga hablando de un producto o servicio. No vaya en círculos. Enumere los beneficios específicos y dígales cómo su vida sería más fácil con los beneficios que le ofrece.

• Tu carta de venta debe venderse. El objetivo básico de su carta de ventas es vender, ¿no es así? Debe vender. Y para que se venda, debe estar escrito en tono conversacional. Habla con tu cliente potencial de una manera lúcida y amistosa. Elimine el lenguaje ornamental y piense en las reglas gramaticales básicas como opcionales.

• Pon a prueba tu carta de ventas. Intente y pregúntese, si alguien le estuviera escribiendo la misma carta, ¿estaría lo suficientemente convencido como para gastar el dinero que tanto le costó ganar en ella?

• Haga que la carta de ventas sea lo más extensa posible. No hay nada llamado demasiado largo o demasiado corto. Lo básico que importa es el factor interés. La carta de ventas debe ser interesante y atractiva.

• Centrarse en la estética. Utilice fuentes y plantillas fáciles de usar que lo harán visualmente atractivo. Puede usar viñetas y resaltadores para romper el desorden. Trate de no terminar ninguna página excepto la última página en una oración completa. La mayoría de los periódicos aplican esta táctica. Si no termina la página en una oración completa, el lector navegará automáticamente a la página siguiente para completarla.

• Dígale al lector exactamente qué hacer. ¿Qué quieres que haga el lector a continuación? ¿Tiene que enviar una tarjeta de respuesta? ¿O tiene que hacer un pedido? ¿O llamar para obtener más información? ¿Agendar una cita de trabajo? Notifíqueselo en consecuencia. No presuma que él lo sabrá. Es sorprendente cuántas cartas de ventas no informan al lector sobre el paso siguiente. Consideran que el lector es un lector de mentes. Pero lamentablemente, este no es el caso.

Cinco secretos útiles de una carta de ventas eficaz

La diferencia entre una carta de ventas promedio y una carta de ventas efectiva es el resultado que obtiene. Como ya se explicó hasta ahora, no es demasiado difícil escribir una carta de ventas de un millón de dólares. Solo necesita seguir algunos consejos y pautas.

Aquí hay cinco secretos más de información privilegiada para escribir una carta de ventas "asesina".

1.   Dedique algunas horas cada día a leer algunas de las cartas de ventas más efectivas de todos los tiempos. Intente aprender los matices. Trate de ver cómo usan el titular, cómo se construye el párrafo principal. Mire el estilo, la estructura, etc.

2.   También debe acumular todas las mejores cartas de ventas que encuentre y generar un cuaderno a partir de ellas. Luego, cuando se siente a escribir una carta de ventas, puede hojear su cuaderno para obtener ideas para su proyecto. No copie estas letras. Esto se consideraría plagio. Simplemente elija las ideas básicas y póngalas todas en sus propias palabras.

3.   Investigue sus posibles compradores hasta que sepa todo sobre ellos. Debe analizar sus deseos, sus sueños y sus aspiraciones. Debe saber qué los motiva y qué no. Una vez que sepa eso, será mucho más fácil para usted escribir una carta de ventas que tendrá algún efecto positivo en ellos. Tus cartas deben personalizarse.

4.   Después de investigar a su cliente potencial, aprenda a relajarse. Una vez que haya completado su investigación del cliente, olvídese de todo durante uno o dos días. Esto le permitirá ser más práctico cuando comience a escribir su carta.

5.   Solo hay una forma de saber si una carta de ventas será ganadora o no. Tiene que someterse a una prueba. Tienes que enviarlo a varios de tus posibles prospectos para ver si avanza o no. Si es así, entonces genial. Si no es así, debes volver al punto de partida y poner tu cerebro a trabajar.

¿Las cartas de ventas cargadas emocionalmente aumentan las ventas?

¿Está molesto porque su carta de ventas no está recibiendo los resultados adecuados? ¿Está al final de su ingenio sobre cómo impulsar las ventas a través de su carta de ventas?

Si la respuesta a las preguntas anteriores es asertiva, entonces sugeriría que la solución a sus tristes resultados se incluya en una sola pero poderosa palabra: Emoción.

Entonces, ¿cómo inserta más emoción en sus cartas de ventas?

1)   Agitar el dolor: Trate de meterse en la cabeza del lector. Concéntrese en el problema que tiene el lector. Indíqueles que, debido a este problema, están estancados, irritados, preocupados e incapaces de satisfacer sus sinceras necesidades. Necesita agitar su aparente problema y hacer que parezca mejor de lo que realmente es.

2)   Cuentos que llaman la atención: Las historias tienen un gran éxito en apelar a la emoción. Mire una catástrofe, se sentirás miserable. Mire una película de ciencia ficción y seguramente se sentirá emocionado. Mire una película de terror y se asustarás. Así que entrelace historias en sus cartas que despierten la expectativa de lograr una meta, evitar dificultades o alcanzar una aspiración. También puede incluir historias sobre lo que le sucedió a alguien que no probó su producto para resolver su problema. Este tipo de historia creará el temor a la pérdida, que es más convincente que el deseo de ganar en la mayoría de las personas. Cuente una historia sobre alguien con quien sus lectores puedan conectarse sin problemas.

3)   Usa la emoción y no la lógica: Es cierto que algunas palabras encienden sentimientos más fuertes que otras. Desea evaluar su mercado objetivo y descubrir a qué palabras clave realmente responden sus prospectos. Lo importante a tener en cuenta es que casi todas las palabras tienen un ingrediente emocional. Si su propuesta está orientada a las ganancias, entonces palabras y frases como "dinero";

"hacerse rico rápidamente"; "millones de dólares" y "ganar desde casa" estimularán a sus lectores. Elija cinco o seis palabras clave que generarán la emoción que desea en su lector y colóquelas delicadamente a lo largo de la copia de ventas para mostrar una respuesta emocional.

Como ya he dicho, hay innumerables formas de inyectar emoción en su carta de ventas. Hay multitud de emociones, por lo que hay que seleccionarlas. La mayoría de las cartas de ventas apuntan a una o dos emociones principales y luego apelan a algunas más. Cuantos más sentimientos pueda fusionar en su copia, más dominante será su carta.

Su carta de ventas debe explicar metódicamente los beneficios de su producto o servicio. Simultáneamente, su producto o servicio debe resolver un dilema con el que se han topado sus probables clientes. En realidad, cualquier carta de ventas ganadora deberá satisfacer una auténtica necesidad.

La carta de ventas adecuada debe ganar confianza desde el principio y contar una historia motivadora en todo momento. Esto no es una garantía de una venta instantánea, sino el inicio de una asociación, construida sobre la base de la confiabilidad.

Por supuesto, debes aplicar la emoción de manera moral y sensata. Si planeas aplicarlo, piensa un momento y pregúntate cómo reaccionarías si alguien más te dirigiera ese tipo de comunicación. Esto le ayudará a decidir su curso de acción. Probar el marketing en cada fase es importante para escribir esa carta de ventas "perfecta".

¿Cuáles son las palabras que nunca debe utilizar en una carta de ventas?

Puede haber ocasiones en las que no importa cuántas propuestas de ventas envíe por correo, el efecto es nulo. ¿Sabe exactamente por qué la gente no parece estar ansiosa por comprar su producto? ¿Alguna vez se ha maravillado de por qué sus oponentes hacen más ventas a pesar de que tienen un producto terrible que ofrecer?

Puede sentir que la gente simplemente no está interesada en comprar su producto o servicio. También puede sentir que su precio está en el lado más alto. O peor aún, puede sentir que tiene un producto o servicio inútil y decide dejarlo por completo o tal vez cambiar su línea de negocio.

Aquí debe detenerte y pensar un rato. ¿Quizás no es su producto el responsable? A veces es su propia carta de ventas la que resulta ser la principal culpable. Quizás, sin saberlo, ha utilizado ciertas palabras que han tenido el efecto contrario en su cliente potencial.

Entonces, ¿cuáles son precisamente esas palabras malas o perversas que de ninguna manera debe pronunciar en su carta de ventas?

1) **Comprar.** Nunca pida a la gente que saque su bolso y pague el dinero que tanto le costó ganar. Tenga en cuenta que la mayoría de las personas se vuelven cautelosas en el momento en que ven esta palabra. Sea cual sea el negocio que esté haciendo, el uso de esta palabra puede acabar con su negocio en poco tiempo.

En lugar de usar la palabra "comprar", modifíquela para "recibir" o "invertir".

2)   **Aprender**. Este término seguramente recordará a las personas los viejos tiempos, cuando tenían que estudiar y aprender en la escuela. Créame, a nadie le interesa destrozarse los sesos como lo hacían cuando eran estudiantes. En estos días, la gente quiere información rápida y no tiene tiempo para aprender. Es mejor usar la palabra "averiguar" en lugar de "aprender".

3)   **Contar**. La gente no le prestará atención si no se identifica. Examine estas dos oraciones cuidadosamente: "Permítame decirle cómo puede perder peso en una semana" y "Permítame explicarle cómo puede perder peso en una semana".

4)   **Cosas**. El uso de esta palabra hará que su carta de ventas sea muy aburrida de leer. En lugar del uso de la palabra "cosas", considere cambiarla por "consejos", "trucos" o "técnicas". Créame, esto garantizará un estado de ánimo mejor y más abierto.

5)   **Cosas**. Esta es la palabra que la mayoría de los especialistas en marketing utilizan para explicar lo bueno que es el producto. Compare estas dos frases: "Llámanos para recibir productos fabulosos" y "Llámanos para recibir regalos fabulosos". ¿Cuál crees que generaría más respuesta?

Cada carta de ventas tiene un conjunto de vocabulario destinado a activar la chispa de compra emocional dentro de ti. Este lenguaje debe evaluarse con cautela.

Evaluar cuidadosamente; En la carta de ventas que le vende algunas empresas para hacerse rico rápidamente, encontrará el uso de ciertas palabras como "llave en mano". Esto implica que el negocio al que le piden que se una está listo para funcionar, y que no se necesita ningún trabajo o es insignificante de su parte para obtener ganancias. Pero la mayoría de las veces, esta palabra en la carta de ventas se usa para explicar el software que aún necesita instalar, aprender y trabajar para apreciar el servicio o producto que se le brinda. Esto no está bien.

Sea muy consciente de la palabra "podría" y "hacerse rico de inmediato". Puede ganar hasta $ 100 a $ 1000 mensuales. Evalúe cuál es la ganancia normal de alguien que se une a su programa de afiliados. No intente engañar. Aunque estas palabras generan una respuesta inmediata, debe usarlas solo si lo dice en serio. Recuerde que no hay absolutamente ningún atajo para el éxito. Así que no lo intente.

El éxito de cualquier carta de ventas depende principalmente de las palabras que use y de cómo las redacte para cumplir su propósito.

Flujo de conversación con el cliente

Con frecuencia he dicho que una carta impresionante produce una conversación con el lector. No le habla al lector, habla con él. Hay una diferencia.

La carta proporciona a la marca una voz clara con la que los consumidores pueden conectarse. Involucra a los clientes y habla directamente de los problemas que enfrentan. Como resultado final, los mantiene en su sitio por más tiempo y genera más conversiones.

Pero, ¿cómo puede producir un flujo de conversación con su carta? Aquí hay algunos consejos que le ayudarán.

Mantenga el flujo

Memorice el idioma de su público objetivo; su público objetivo determinará el estilo de su copia. Por ejemplo, una niña de catorce años habla de manera diferente a un hombre de cuarenta años. Debe examinar la forma en que habla su público objetivo y hacer todo lo posible para producir una carta que cautive ese estilo. En pocas palabras, hábleles en un idioma que puedan comprender.

Mantenga las oraciones breves y claras: las oraciones largas anulan el flujo de su texto. Inmediatamente le hacen parecer tedioso y simplemente intimidante. Mantenga sus oraciones centradas en un pensamiento. Y mientras lo hace, asegúrese de que sus párrafos también sean cortos.

Elimine las palabras enormes: las palabras enormes no le hacen sonar brillante y no hacen que su producto suene más impresionante. El individuo común no habla utilizando palabras de quince letras.

Léala en voz alta; después de haberla redactado. ¿Le parece verdad? ¿Hay alguna pieza que no parezca conversacional?

Escriba la carta como si estuviera contando una historia

Una de las formas más beneficiosas de vender es utilizar un formato narrativo, que es una forma elegante de contar una historia. Las historias son absorbentes y placenteras, por lo que no se sienten como un argumento de venta.

Además, si se hace bien, una historia impulsará a las personas a convencerse a sí mismas de tomar la acción que desean. Esto se debe a que, comparados con intentos más directos de persuasión, los relatos bien elaborados permiten a los lectores sacar la conclusión que desean por sí mismos, y las personas rara vez cuestionan sus propias decisiones.

Hay muchos tipos de historias de venta. A continuación, le muestro algunos ejemplos:

- **Involucrar a la gente**

Volver a contar un artículo de noticias que, por naturaleza, respalde su posición de ventas.

Contar una historia personal sobre cómo derrotar una obstrucción a la que se enfrentan sus clientes potenciales.

Utilizando una anécdota histórica para producir una analogía con las condiciones actuales del mercado.

Compartir una historia de éxito de un comprador en forma de estudio de caso.

Siguiendo el cuarto ejemplo, una de las mejores formas de crear un estudio de caso fascinante es con una cuenta de héroe. Una cuenta de héroe es una narrativa en la que se presenta a uno de sus compradores o clientes para resolver un problema, y su solución es la calidad de soporte más importante.

Aquí hay una guía paso a paso para crear una historia de héroe:

1. Simplemente la información.

El movimiento de apertura es acumular los factores de la historia que desea contar. ¿Quién es el personaje principal (héroe) y qué ocurrió? Reúna su historia antes de comenzar a componer, para que tenga una guía que lo mantendrá encaminado.

Para este ejemplo, vamos a contar la historia de un especialista en marketing interno de una pequeña empresa de corretaje de bienes raíces. El sitio de folletos de la empresa comercial resultó ser una piedra de molino costosa sin un efecto mensurable en las ventas, y alguien tiene que arreglar eso.

2. Explosión del titular

Al igual que con cualquier otro escrito que desee que las personas realmente lean, el titular es vital. Por lo general, puede centrarse en revelar cómo se encontraron resultados particulares como la promesa beneficiosa para el posible comprador.

3. Configurar la presentación

Sabe lo crucial que es abrirse con firmeza y atraer la atención del lector. Su apertura también establece la presentación para el resto de la historia, así que intente comenzar en el medio de la acción para lograr ambos objetivos a la vez.

4. ¿Es esta la respuesta?

Aparece una resolución probable, pero ¿es la correcta? ¿Resolverá el problema? Si su héroe intentó soluciones adicionales antes que la suya, no dude en inyectar una pista falsa para aumentar el impacto dramático.

5. La tensión aumenta

Asegúrate de acumular tensión incluso después de que el héroe acepte tu resolución. Todo el mundo está preocupado antes de que algo realmente funcione y resuelva el problema, y reconocer esto en su estudio de caso agrega credibilidad y mejora la recompensa emocional.

6. Alivia el climax

¡Funcionó! El héroe resuelve el problema gracias a la gran ventaja que brinda su solución.

7. Feliz conclusión

No olvide mencionar las ventajas en curso y los cambios favorables que el héroe disfrutó al seguir adelante. Está bien dejar la mayor parte de esto al ingenio del lector, siempre y cuando cierre la historia dirigiendo al comprador en la dirección correcta.

8. Llamado a la acción

Si el comprador se relaciona con su héroe, entonces ese comprador podría estar imaginándose a sí mismo como el héroe probable que también resuelve su propio problema con su solución. La connotación de la historia hizo la venta, pero debe solicitar expresamente la siguiente acción: llamar, enviar un correo electrónico, optar por recibir más información, etc.

Escriba toda la historia en tercera persona. Esto le ayuda a centrar la historia en el héroe y los efectos, y a resistir la tentación de presumir de usted mismo. Elija un héroe con el que se pueda identificar y cuente una historia convincente, y podrá dejar que la connotación haga las ventas por usted.

Constrúyala a través del dolor, el agravamiento y la solución

Su carta de ventas es, de lejos, el elemento más crucial para convencer a las personas de que compren su producto o servicio en la red. Si lo obtiene incorrectamente, sus ventas caerán, independientemente de cuánto invierta en publicidad y marketing, de todos modos, si puede hacerlo correctamente, sus ventas netas se dispararán.

No puedo enfatizar lo crucial que es que comprenda completamente las necesidades, deseos y motivaciones de su mercado objetivo antes de comenzar a escribir su carta de ventas. Si no completa este paso vital, no podrá comunicarles los motivos clave que los impulsan a comprar su producto o servicio. También me gustaría eliminar la creencia básica de que una excelente copia de ventas puede vender cualquier cosa, porque no puede.

Debe garantizar que su producto ofrece un valor real a su posible comprador antes de progresar. Si su producto tiene un valor real, ¡es genial!

Sigamos adelante. Si no es así, tiene que volver al tablero de dibujo. No tiene sentido intentar vender un producto sin valor real.

Debería comenzar a ver cómo los 7 pecados capitales de la naturaleza humana pueden ayudarlo a vender su producto o servicio. Estos son:

Vanidad: una de las formas más simples y musculosas de convencer a su lector para que haga una compra es halagarlo y untarlo. Debe hacerlos sentir importantes y elogiar su inteligencia. Entonces debería dar a entender que alguien de su naturaleza debería realmente comprar su producto o servicio.

Pereza: los humanos son por naturaleza una especie encantadora, en términos generales, y puede utilizar esta característica para su beneficio. Si le ofrece a su cliente algo que le ahorrará tiempo o sudor al realizar un trabajo, es más probable que saque sus tarjetas de crédito.

El monstruo de ojos verdes: si informa a su comprador sobre cómo otros se están beneficiando de su producto, pronto harán lo mismo. Los testimonios y las reseñas de productos son una forma potente de agregar credibilidad y establecer confianza con su cliente, ya que ayudan a evidenciar cómo otros ya se están beneficiando del mismo.

Gula: si puede convencer a su comprador de que experimentará algún tipo de satisfacción o contenido cuando consuman su producto, está en el éxito.

Debe impulsar este sentimiento de gratificación en su copia de ventas y hacer que su cliente sea consciente de cómo puede ayudarlo a cumplir una de sus pasiones.

Hambre: similar a la glotonería mediante la cual, puede mostrarle a su comprador que su producto o servicio satisface una pasión suya, tiene un verdadero punto de venta.

Enojo: es un hecho que la mayoría de las personas se sienten provocadas o enojadas por muchas razones diferentes. Si eres capaz de identificar qué los motiva y encontrar una solución a esto, entonces debe incluirlo en su carta ventas, ya que tendrá un efecto favorable en sus ventas.

Codicia: las personas anhelan más en la vida, ya sea más ropa, más vacaciones, más automóviles, más dinero en efectivo, más atención, más bienestar propio o más consideración.

Jugar con esto puede ser realmente poderoso como si ofreciera a las personas más de lo que quieren; es probable que escuchen lo que tienes que decir.

Estos 7 pecados capitales de la naturaleza humana son una herramienta realmente poderosa en la que puede jugar y facilitarle sus operaciones con sus clientes potenciales con chispas emocionales profundas e inconscientes.

Las conclusiones sobre si su cliente va a comprar su producto se basan en motivos emocionales antes de que el comprador comience a racionalizar la compra de su producto.

Cómo mostrar una oferta

Puede haber más en una oferta. Ahora analicemos algunos ajustes sencillos que harán que su próxima oferta sea mucho más agradable para los posibles compradores.

Cada oferta requiere una razón detrás de ella. Si la modifica según algunos parámetros, ya no se trata de una "venta agresiva", sino en algo que está ahí con un propósito.

Puede ser algo tan simple como una oferta navideña; naturalmente, los precios están cayendo, es temporada de compras. O puede ser lo contrario, como puede ver en los precios previos al lanzamiento: puede obtenerlo con un descuento si lo compra antes de que llegue formalmente al mercado.

En las ofertas donde la escasez está en juego, es posible que vea más cosas como en un producto tangible donde el primer lote tiene un costo menor de lo que se venderá más tarde simplemente porque el vendedor quiere que las personas lo compren rápidamente y corran la voz.

Transmitir el razonamiento detrás de la oferta reduce un poco los escudos de los clientes, ya que ven una razón para el trato que se suma a ellos, y están cómodamente involucrados en una historia. Y cada pequeña forma en que los hace sentir más fáciles lo acerca a la venta.

Y tenga en cuenta que el razonamiento no tiene por qué basarse en precios con descuento. También puede tener un propósito por un precio más alto, especialmente si su oferta implica una transacción urgente o con poca antelación.

Si su mercado objetivo tiende a ponerse tenso considerando los precios (como en, "¡Caramba! ¡Eso es mucho!"), entonces es hora de utilizar una técnica llamada "normalización" para que se acostumbren más a la noción de comprar sus cosas.

No desea que las personas vean un gran número y se sorprendan, ya que inmediatamente levantan la protesta que no pueden pagar tanto, o que una transacción de ese tamaño es impensable. (Curiosamente, no tiene que tener un precio alto por esto, algunas personas se resisten incluso a gastar $ 10).

Sin embargo, el problema real aquí no es que no puedan verse a sí mismos soltando el efectivo, simplemente no pueden verse a sí mismos gastando el efectivo con usted.

Por lo tanto, debe hacer que vean sus hábitos de gasto para recordarles que sí, gastan dinero en efectivo todo el tiempo.

La forma más sencilla de hacer esto es equiparar la compra a algo en lo que ya están gastando dinero en efectivo. Considere todas las ofertas que ha visto en el pasado que logran esto:

• "Por menos del costo de una taza de café al día, puede mantener a un joven en (inserte el país aquí)"

• Este sistema de compra todo en uno de $ 299 sustituye a los 3 sistemas por los que ya está pagando $ 400 +"

• "Por el costo de una cena al mes, puede obtener (inserte el producto aquí)"

• "Por el costo de 10 minutos de consulta conmigo, recibirá un programa de 112 páginas sobre cómo vender sus libros electrónicos ..."

La conclusión aquí es que si puede comparar la compra que desea que hagan con las compras que ya están haciendo, entonces la resistencia a la compra disminuye. Así que vea otras ofertas que ve a diario y esté al tanto de cómo normalizan la compra para usted, aprenderá mucho.

Otra objeción básica a la compra es que el precio es demasiado elevado (pero puede vencer mucho de eso si aprende a componer una página de ventas diseñada para una alta conversión). Afortunadamente, puede utilizar el posicionamiento de precios para desactivar esta protesta.

Si divide la compra de la suma en pagos, como las opciones de 3 pagos, 6 pagos o 12 pagos que ve por ahí. Esta es una forma sencilla de manejar 2 objeciones distinguibles:

• "No podría pagar eso hoy". - Si está comercializando un paquete de $ 1,000, no todo el mundo los tiene. Supongamos que dividirlo en cuatro pagos de 250 dólares puede hacer que muchos clientes se unan.

• "Cuesta un poco más". - Si dividiera un producto de $ 500 en doce pagos de $ 50, ya no parece un producto de $ 500 (en realidad estarán pagando más), parece uno de $ 50, y esa es una gran diferencia psicológica.

Ahora, una dinámica intrigante aquí es el "bono de pago completo". Si adapta el plan de pago de modo que sea un poco más alto que una variación uniforme del precio original, eso proporciona a las personas que pueden pagar el precio completo para ahorrase dinero. De hecho, "ganan" pagando el importe total.

Pero, como vendedor, podría pensar que la tasa del plan de pago es injustamente elevada, pero es crucial, ya que a menudo las personas no completan sus pagos y la tasa ligeramente más alta le brinda la oportunidad de recuperar sus pérdidas.

Los bonos son una parte crucial de la oferta, ya que hacen que el paquete de suma parezca irresistible, si se hace correctamente. La clave aquí es centrarse en 2 tipos particulares de bonificaciones: ofrecer bonificaciones y bonificaciones complementarias.

Ofrecer bonificaciones: estas son bonificaciones que amplían la utilización del producto o lo hacen más sencillo de utilizar. Ejemplos de esto son cosas como hojas de trabajo, pistas de 30 días o llamadas telefónicas de consulta que responden preguntas.

Bonificaciones complementarias: son bonificaciones que es simplemente agradable tener junto con la compra original. Verás bonificaciones como estas "si te suscribes a una revista de naturaleza y te envían una guía de observación de aves", por ejemplo.

Una forma potente de elegir las bonificaciones es preguntarse qué objeciones pueden tener sus compradores para comprar y producir material de bonificación que desactive esos objetivos para que sus personas tengan más probabilidades de comprar.

Un asunto diferente que debe considerar con su oferta es la pregunta "¿Por qué alguien no compraría ... y una vez que me di cuenta de eso, qué tendría que hacer para que reconsideren?"

Aquí es donde realmente toma su oferta y la presenta a las personas (en privado) y les pregunta cómo es que no comprarían. Lo más probable es que sus protestas se solucionen, y debe saber esto antes del lanzamiento de su producto.

Por ejemplo, es posible que esté brindando una clase en vivo y descubra que otros simplemente no quieren viajar a donde usted se encuentra, por lo que puede ofrecer una opción de estudio en el hogar o transmisión simultánea. O puede descubrir que, independientemente de lo excelente que sea su plataforma de audio, las personas quieren transcripciones.

Esta es la parte más crucial del proceso: probar previamente su oferta y hacer que las personas le digan qué debe cambiar para que compren. No omita este paso.

La forma más rápida de mejorar en la elaboración de ofertas fabulosas es salir y comenzar a estudiar la forma en que otros juntan sus ofertas. Empiece a ver páginas de ventas y a tomar notas sobre lo que le llama la atención (y lo que le desagrada).

En este punto, es particularmente crucial ver una amplia gama de industrias. Si es un entrenador de vida, no dedique todo su tiempo a las páginas de marketing de otros entrenadores de vida; consulte a las personas que venden entrenamiento a empresas, a las personas que venden equipos de fitness o a las personas que venden capacitación en video para saber cómo preparar un excelente hamburguesa.

Las personas de otras industrias no utilizarán las mismas tácticas tradicionales que son estándar en su industria, por lo que eso significa que sus temas están listos para ser seleccionados.

Dedique algo de tiempo a la semana para revisar otras páginas de marketing y aprenderá mucho, muy, muy rápido.

Entonces, ahora comprende algunas de las maniobras detrás de escena que utilizo para hacer que mis ofertas se conviertan como un campeón; póngalas en uso y verá más ventas también.

Capítulo 2
Archivo de deslizamiento

Puede que no sea escritor, pero en los negocios, su palabra lo es todo. Puede que tampoco sea diseñador, pero en los negocios, la sensación que emiten sus palabras e imágenes puede afectar la rapidez con que crecerá.

Incluso si no tiene ninguna habilidad de redacción publicitaria, e incluso si es la persona menos creativa del planeta, su capacidad para guiar a los clientes potenciales a la conversión determinará su éxito en esta era moderna. Todos somos creadores, profesores e influencers, especialmente de equipos pequeños y propietarios únicos. Pero sin un hueso creativo en su cuerpo, ¿cómo sabes qué funciona?

Hay un secreto que muchos redactores y diseñadores exitosos usan para desarrollar habilidades rápidamente y contar historias que crean una conexión emocional: el archivo deslizable. Crear un buen archivo de deslizamiento puede significar incluso la diferencia entre una audiencia enamorada y altas tasas de rebote.

Y tiene sentido: todo el contenido legendario se basa en el conocimiento de lo que funciona, lo que no funciona y dónde encontrar ejemplos de ambos. Un archivo de deslizamiento contiene todo lo que observa que construye la experiencia que eventualmente desea dominar: es su base para la persuasión con bloques de construcción de los maestros antes que usted.

En este capítulo, repasaremos qué hace que un archivo de deslizamiento sea de alta conversión y cómo puede crear el suyo propio. ¡Entonces empecemos!

¿Qué es un archivo Swipe?

¿Recuerdas ese correo electrónico que recibió hace unas semanas? ¿El que lo mantuvo pegado a su teléfono, tomó el control de su dedo índice y lo obligó a hacer clic en el botón de aprender más?

¿O qué hay de ese sitio web que le hizo sentir que no podría vivir sin sus productos, así que se desplazó hasta la página de la tienda y puso uno de ellos en su carrito?

En lugar de convertir y olvidarse de estas fantásticas experiencias, ¿por qué no compilarlas en una lista para volver a visitarlas y reutilizarlas para su propio marketing? Es decir, utilícelos para crear un archivo de deslizamiento. Un archivo de deslizamiento es una colección de copias, gráficos y otro contenido ejemplar. Es un archivo que enumera todo el contenido que logró hacer que usted se destacara, y promete convertirlo en un mejor propietario de negocio y comercializador.

Los especialistas en marketing y redactores utilizan el archivo de deslizamiento para agrupar clips de las mejores y eficientes campañas de publicidad. Luego, pueden consultar ese archivo de deslizamiento cada vez que la inspiración los golpee o para ver si sus pensamientos se han intentado anteriormente. Dado que el marketing y la redacción de textos publicitarios se basan en producir los resultados de las ventas directas, comprender qué cosas funcionan en la promoción o la publicidad ahorra dinero importante y ayuda a los profesionales a tener éxito.

La bóveda de archivos deslizantes del redactor

¿Ha oído hablar del término: "Redacción publicitaria"? Wikipedia lo define como: "La redacción publicitaria es el uso de palabras e ideas para promover una persona, negocio, opinión o idea. Aunque la palabra copia puede aplicarse a cualquier contenido destinado a la impresión (como en el cuerpo de un artículo de periódico o libro), el término redactor publicitario generalmente se limita a situaciones promocionales, independientemente del medio (como en anuncios impresos, televisivos, de radio u otros medios).

El objetivo de la copia de marketing, o el texto promocional, es convencer al lector, oyente o espectador para que actúe, por ejemplo, para comprar un producto o suscribirse a un punto de vista en particular.

En el mundo del marketing en red, la redacción publicitaria se utiliza ampliamente para promover la lectura de blogs, obtener suscripciones para la creación de listas y monetizar sus prospectos.

Si realmente desea tener éxito en su negocio de la Rcd, tendrá que aprender los entresijos de la redacción publicitaria eficaz para que sus lectores lo adoren. Afortunadamente, las buenas prácticas de redacción de textos son una habilidad que se puede aprender y hay archivos deslizantes.

El poder de convertir las palabras en oro es con toda probabilidad el aspecto más importante de cualquier comercializador que tenga éxito. Si puede hacer esto, no importa dónde se encuentre en el mundo, puede ganar dinero en efectivo desde cualquier lugar, en cualquier momento simplemente con sus palabras.

En el pasado, los mejores "redactores publicitarios" eran los increíbles empresarios de antaño que sabían cómo vender cualquier cosa a cualquiera. Mientras que los individuos poseían armas poderosas, su arma más poderosa era su pluma (o lengua).

Hoy en día, los empresarios modernos están ganando terreno utilizando técnicas de redacción publicitaria y archivos deslizantes en sus negocios. Tenga en cuenta que vender cosas en línea es mucho más difícil que vender cosas fuera de línea porque carece de la sinceridad de la voz y el lenguaje corporal.

De todos modos, si comprende cómo aprovechar el poder de la redacción publicitaria para excitar las emociones de sus compradores, se estará riendo hasta el banco.

Para un redactor, los archivos de deslizamiento pueden valer todo.

Reducirán la cantidad de tiempo que necesita para pensar en proyectos, le brindarán conocimientos e ideas frescas, lo ayudarán a convertirse en un mejor redactor publicitario copiándolos a mano o escribiéndolos y analizándolos.

Lo que se necesita

Como redactor publicitario o comercializador, también debe utilizar sus propias ideas nuevas en el proyecto en cuestión. Le aportará frescura y distinción. Utilice el archivo de deslizamiento para producir algo nuevo. Debería ser una fuente de inspiración para adentrarte más en el arte de la redacción publicitaria, ¡y no una forma de escapar por completo!

La redacción publicitaria se utiliza en muchos lugares a lo largo de su embudo de negocios de la Red. Aquí hay algunas ilustraciones de lugares de uso común:

* Contenido del sitio
* Publicaciones de blog
* Páginas de destino
* Correo de propaganda
* Páginas de ventas

Recuerde, el objetivo elemental de la redacción publicitaria es lograr que sus lectores hagan lo que usted quiere que hagan. Por ejemplo, realizar una compra o registrarse en su lista de correo.

En consecuencia, es realmente crucial que determine cuál es el resultado deseado antes de embarcarse en su cruzada de redacción. La claridad es poder, por lo que es crucial comprender lo que busca para que, cuando escriba, las cosas vayan en la dirección que deseas que vayan.

Muy bien, veamos algunos conceptos básicos. Teniendo en cuenta que deseamos que nuestros lectores hagan lo que queremos que hagan, tampoco podemos ser demasiado contundentes.

Regla N° 1: Manténgase casual

Le gustaría ser visto como una persona amigable que también es un experto en su campo y no como un vendedor descarado. Esto último hará que a las personas no les gustes y te traten como un spammer.

Lo siguiente que debes entender es que algunas reglas son realmente ilógicas. Pero una cosa que suma es esto, las buenas prácticas han sido probadas y comprobadas (probadas por separado) por los principales comercializadores de Internet durante años, así que, en lugar de intentar reinventar la rueda, ¡siga lo que funciona y coseche las recompensas!

De todos modos, le recomiendo encarecidamente que también haga una pequeña prueba dividida por su cuenta. Elimine las cosas que no funcionan y duplique o reproduzca las que sí funcionan, ¡esa es la manera segura de lograr el éxito!

A continuación, revisaremos uno de los componentes más cruciales de una excelente carta promocional: los titulares.

El titular es la parte más importante de cualquier texto. Si sus titulares se olvidan de llamar la atención de sus lectores, no importa cuán grande sea su oferta o cuán bueno sea el resto de su copia. Solo tienes 5 segundos para captar la atención de sus lectores antes de que sigan adelante, así que haga que cuenten.

Titulares

El titular debe llamar la atención y estar en negrita para ser más llamativo. El subtítulo reforzará el mensaje del titular.

Utilice fuentes como "Impact" y fuentes rojas para captar la atención del lector. Usar palabras negras en el encabezado es romper la monotonía del encabezado. También se utiliza para ejemplificar los puntos cruciales de la carta.

Aquí hay una cosa crucial a tener en cuenta: nunca debe usar mayúsculas COMPLETAS para su título. Simplemente utilícelo cuando sea necesario.

"¡¡¡IMAGINE CÓMO SERÍA ESTO SI ESTUVIERA EN LA PARTE SUPERIOR DE SU PÁGINA WEB !!!"

Parece que alguien le está gritando, ¿a quién le gustaría eso? Del mismo modo, las mayúsculas parecen spam y a nadie ni a Google le gustaría eso.

Además de eso, un titular debe utilizar palabras llamativas que exciten instantáneamente las emociones. ¿Alguna vez ha visto revistas en un quiosco? Los titulares suelen parecer pegadizos y utilizan palabras que despiertan la curiosidad y las emociones con temas como el sexo, el dinero en efectivo y el drama.

Pregúntese, ¿en qué nicho se encuentra? ¿Qué palabras puedes usar para excitar emociones y producir drama en su nicho?

A continuación, se muestran algunos deslizamientos de titulares.

•	Cómo <beneficiar> ... en menos de <tiempo>

•	¿Quién más quiere <beneficio> en solo <tiempo>?

•	¿Quién más quiere <beneficio> y <objetivo>?

•	<No de pasos/consejos> Para <beneficio>

•	Para las personas que quieren <beneficiar>, pero no pueden empezar

•	A los hombres que quieren <beneficiar>, pero no pueden empezar

•	A las mujeres que quieren <beneficiar>, pero no pueden empezar

•	Es una lástima que no <beneficio>, cuando estas personas lo hacen tan fácilmente

•	Miles ahora <beneficio> que nunca pensaron que podrían

• Un gran descubrimiento nuevo te ayuda a
<beneficio>

Traer emociones

Anteriormente te hable de las emociones. En el pasado,
muchas empresas usaban algo llamado "Punto de
venta único" o "Propuestas de venta únicas" para
distinguirse de la competencia y obtener más ventas.

Si bien eso es realmente crucial, en el mundo de la red,
tenemos algo más llamado "Punto de venta emocional",
que es el poder de aprovechar las emociones de tus
lectores para que puedas hacer que lleven a cabo la
acción que más desea.

Aquí hay una ilustración de un argumento de venta
emocional:

"Sabía lo que era luchar como nuevo comercializador,
aprender a atraer tráfico. De vez en cuando, solo comía
una rebanada de pan al día, ya que no ganaba mucho
dinero con mi negocio en línea ... "

Esta ilustración clásica relaciona las dificultades que
enfrenta el especialista en marketing con la persona
que lee la carta de ventas, que probablemente se
enfrenta a los mismos problemas que alguna vez usted
tuvo.

En resumen, si desea utilizar las emociones de manera eficaz para promover su negocio, hágase las siguientes preguntas:

1)	¿En qué nicho está?

2)	¿Con qué tipo de palabras/historias/situaciones pueden identificarse las personas en su nicho?

Una vez que haya averiguado la respuesta a estas dos preguntas, podrá intentar generar tantas ideas como sea posible que pueda utilizar en sus copias de ventas o contenido de marketing.

Aquí hay algunos ejemplos para comenzar.

•	¿Estás cansado de promover programas que solo benefician a la persona que te patrocinó? ¡Era! Y luego encontré este sistema …

•	Construye tu equipo y gana dinero al mismo tiempo. Cuando tu equipo esté formado … domina en las arenas de Matrix y MLM por el amor de Dios, pon el caballo primero …

•	Existe una forma muy sencilla de utilizar el poder del apalancamiento y de alcanzar fácilmente la riqueza financiera y jubilarse joven. ¿Estás listo?

•	Este es el lugar adecuado para que obtenga las herramientas para lograr el éxito en línea. Nunca te quedarás preguntándote qué hacer a continuación.

• ¿Para ganar dinero en nuestro club GRATIS? Esto NO ES ESPERANZA. ¡Realmente puedes! ¿Por qué nuestro club es tan único y buscado? Infórmate de nosotros.

• ¿Eres un promotor activo? ¿Tienes problemas para que sus propias referencias sean como usted? Si es así, no busques más …

¡¡Y no te rindas todavía!! Nadie nace como un experto en marketing. Todo lo que necesita son las herramientas adecuadas y la orientación adecuada.

• El especialista en marketing experto no nace, pero con la herramienta adecuada y la orientación adecuada, ¡será uno de ellos! Simplemente siga esta enseñanza de marketing paso a paso y repítala una y otra vez, todos los días. Tu mente da la vuelta y abre una nueva puerta: ¡ha nacido un experto en marketing! Únase a este programa de blaster de bolsillo, cada centavo vale …

Dar la vuelta a las objeciones

Abordar las objeciones es una habilidad integral de gran redacción de ventas. Si un individuo lee una carta de venta, muchas preguntas aparecerán en su mente en un intento de "protegerlo" de "dejar ir su dinero en efectivo". Este es un comportamiento natural, y si comprende cómo abordar estas objeciones de manera efectiva en su carta a medida que surgen, estará cosechando recompensas masivas.

Aquí hay algunas técnicas y deslizamientos que se utilizan comúnmente para abordar las objeciones:

1) Recomendaciones

La prueba social es algo que casi todo el mundo busca cuando quiere comprar un producto. Cuanto más convincente y confiable parezca la recomendación, más creerán que el producto es excelente. Intente incluir recomendaciones con instantáneas del comprador, o utilice testimonios en video si es aún mejor.

2) Preguntas frecuentes

Tener una sección de preguntas frecuentes ayuda enormemente a superar cualquier objeción que surja. Aquí puede abordar todos los conceptos erróneos comunes que pueden surgir, cómo usar el producto, para quién es el producto adecuado y preocupaciones sobre el precio.

3) Publicar guiones

Los Post se han utilizado ampliamente en cartas de ventas para impulsar las conversiones. Antes de hacer clic en el botón "Agregar al carrito", las personas suelen tener una línea de defensa final que les impide realizar la compra. Si tiene un par de scripts de publicación listos, puede darles ese empujón final para hacer la compra.

4) Grandes causas para comprar

Uno de mis favoritos, esta sección les brinda a sus lectores algunas buenas razones para ayudarlos a racionalizar sus compras y aumentar sus ganancias en gran medida.

¡Incorpore estas excelentes herramientas para abordar las objeciones en su copia de ventas y pronto verá un aumento en sus ventas!

• <nombre> está lanzando solo 723 copias y este no es un truco de escasez aquí, créeme. Puedes ver el contador en vivo en la página y está bajando bastante rápido. Una vez que llegue a cero, aparecerá el signo AGOTADO.

• La respuesta sobre _________ ha sido abrumadora y extremadamente positiva. ¡Ya hay más de 743 comentarios en el blog! Para aquellos que no se han subido, este es un tren que no querrán perderse. Todavía puede obtener una copia hoy.

• Esta oferta estará disponible a este precio de promoción especial solo por tiempo limitado. Me reservo el derecho de aumentar el precio de venta en cualquier momento sin previo aviso o aviso.

• Recuerde que no hay absolutamente ninguna razón para que se vaya con las manos vacías. ¡Puede aprovechar mi oferta 100% libre de riesgos y comenzar _______ hoy!

Razones para comprar

- Explota tu ______

- Aumente sus ganancias

- Reduce tu ______

- Duplica / triplica / cuadruplica tus ganancias

- ¡Dispara tu recuento de ventas!

- ¡Vea cómo su margen de beneficio se dispara por las nubes!

- ¿Pueden $ 1000 adicionales al mes ayudar a mejorar su estilo de vida?

- Conviértete en una máquina ________

- Agregue nuevas fuentes de ingresos al instante

- Aumenta tu ______ esta noche

- Fórmula paso a paso para hacer su ______

- Gana dinero a _______

Hacer que la gente actúe

La llamada a la acción es probablemente uno de los elementos más esenciales de cualquier contenido. Lo primero que debe hacer es decidir cuál es el resultado más deseado que desea que sus compradores / prospectos lleven a cabo.

Los diferentes elementos de su negocio comúnmente requerirían un tipo diferente de resultado deseado.

- Blog - Comentarios

- Página de Facebook - Me gusta

- Página de destino - opt ins

- Correos electrónicos: clics

- Páginas de ventas: compras

Estos son los tipos básicos de resultados que normalmente desearía.

Entonces, cuando haya determinado eso, su llamado a la acción debe redactarse o configurarse para facilitar ese tipo de acción.

Por ejemplo: para la configuración de un blog, una gran llamada a la acción sería: "Si te gustó esta publicación o tienes alguna idea, ¡déjame un comentario a continuación!"

Por loco que pueda parccer decirle literalmente a un lector lo que debe lograr, los estudios de prueba dividida han demostrado que esto es realmente efectivo. Entonces, la mejor manera de lograr resultados rápidamente es modelar lo que otras personas han estado haciendo que funciona y eliminar las cosas que no funcionan.

Para dar otra ilustración, si desea que los clientes potenciales realicen una compra, puede pedirles que "¡Recojan su copia antes de que se acabe!"

Tenga en cuenta que agregué un factor de escasez fácil (una de las pepitas de marketing adicionales que se usan con frecuencia) al afirmar que se agotará si no se mueve ahora.

Agregar factores de escasez o sensibilidad al tiempo a su llamado a la acción con frecuencia resulta en conversiones elevadas, ¡así que no olvide incluirlo en todo lo que haga!

Por último, debe tener en cuenta que la tasa de éxito de la llamada a la acción no es enteramente el resultado de las palabras de uso en la convocatoria, sino de cómo reúne diferentes elementos de su carta de ventas, como post scripts, manejo de objeciones. y mostrando las ventajas.

Aquí hay algunos deslizamientos de llamada a la acción.

• Estamos ofreciendo ____ por solo $ ___, ¡solo por tiempo limitado!

• Puede acceder a las descargas instantáneamente después de comprar en línea a través de nuestro servidor seguro.

- Consíguelo ahora sin riesgos

- Deshazte de tus problemas ahora en un instante

- Estamos aquí para ayudarte

- Queremos ser parte de tu historia de éxito

- Te tomaremos de la mano

- Habla con nosotros y te ayudaremos a tomar una decisión

- Bloquea tu lugar con $ 90 de descuento

- Durante las próximas 48 horas, puede obtener un 90% de descuento

- Asegure su copia ahora por _____

- Actúe ahora mientras está a su precio más bajo

- Reembolso

- Solo a través de este enlace

- Grandes ahorros cuando reducimos nuestros precios

El AZ de la redacción publicitaria

Ahora vamos a discutir las actividades de AZ en el arte de la redacción publicitaria: -.

1)   **Acción** = Todo el motivo de la redacción publicitaria es que el lector debe actuar después de leer su copia o texto. Por tanto, a la hora de redactar un copy, debes pensar en lo que el lector quiere leer. Las personas deben actuar de manera positiva después de leer su carta o texto. Asimismo, la persona debe actuar mientras lee su correo electrónico, su banner publicitario, su flyer.

2)   **Aperturas** = El comienzo de tu pieza es casi tan crucial como titular. Las primeras líneas atraerán al lector a leer lo que sigue o lo perderán para siempre.

3)   **Brevedad** = Mientras escribe, use palabras influyentes y no use las palabras innecesarias en la redacción de textos publicitarios.

4)   **Contenido** = El contenido es una parte muy importante de la redacción publicitaria. El contenido debe ser influyente y atractivo para leer y hacer que los lectores lean. El contenido genera confianza en sus lectores y es una de las formas de impulsar el tráfico en los motores de búsqueda.

5)   **Borradores** = Los borradores también son una parte importante de la redacción publicitaria. Antes de publicar el primer borrador, simplemente lea repetidamente y haga la edición necesaria para una buena redacción.

6) **Correo electrónico** = El correo electrónico es la mejor forma de interactuar con sus lectores. Es posible que esté utilizando Facebook, Twitter o cualquier otra red social para el marketing en línea, pero el correo electrónico es la mejor manera de interactuar con su lector mediante el envío de copias de suscripción y ofertas de descuento.

7) **Cuaderno** = Como redactor publicitario, adquiera el hábito de llevar un cuaderno. Es útil y puede capturar pensamientos y titulares repentinos que se le ocurran.

8) **Dinero** = Puede ofrecer libros electrónicos gratuitos, pero recuerde que debe ser una fuente de ingresos para que la gente lo tome en serio.

9) **Enlaces** = Los enlaces son muy importantes porque atraerán directamente a los lectores a su contenido y mejorarán su clasificación en los motores de búsqueda.

10) **Escritura** = Una parte esencial de la redacción publicitaria es escribir. Por lo tanto, sus habilidades de escritura deben ser buenas y únicas.

11) **Empleos** = Si eres un redactor publicitario independiente, entonces necesitas trabajos. Los clientes contratan redactores publicitarios de los que ya han oído hablar y, por lo tanto, necesita promocionarse.

12) **Escasez** = Alguna vez has estado indeciso sobre comprar algo, solo para ver que a la tienda solo le quedaba uno. Probablemente lo hayas comprado

rápido. Cuando un producto o servicio escasea, a menudo tomamos la decisión de comprar... en lugar de posponerlo indefinidamente.

13) **Gratis** = La palabra Gratis es muy buena y hace maravillas en marketing. Los clientes se animan con esta palabra. Informes gratuitos, libros electrónicos gratuitos, temas gratuitos y muestras gratuitas son la forma de atraer clientes potenciales.

14) **Gramática** = A los lectores les gusta una escritura relajada y libre de errores. Los errores gramaticales desanimarán a sus clientes potenciales.

15) **Interés** = Puede llamar la atención, pero debe cumplir con su título. Necesita mantener a su lector a través de todo el contenido.

16) **Palabras clave** = Si desea que su contenido sea buscado por muchos lectores, entonces debe usar el lenguaje que buscan los lectores.

17) **Preguntas** = Su carta debe abordar preguntas; de lo contrario, perderá un cliente potencial. Si está creando contenido, mire las preguntas que los lectores podrían pedir repetidamente sobre su tema.

18) **Puntuación** = Como redactor publicitario, su puntuación debe ser perfecta. Porque usar la puntuación incorrecta cambiará el significado de la oración.

19) **RSS** = La mayoría de los lectores habituales de su blog no vendrán volver a su sitio todos los días. Querrán que les llegue su contenido. Eso significa que

necesita tener una fuente RSS. Ejecutarlo a través de Feedblitz o Feedburner para que pueda rastrear sus números de suscriptor y para que tambíén pueda proporcionar una opción de correo electrónico.

20) **Titulares** = Los titulares son muy importantes para captar la atención de los clientes. Algunos clientes, simplemente compran leyendo el titular. Por lo tanto, si tiene titulares atractivos, los clientes seguirán leyendo.

21) **Testimonios** = Los lectores son automáticamente un poco sospechosos de lo que dices. Por supuesto, cree que su producto es excelente, pero ¿realmente resiste las exageraciones? Por lo tanto, los testimonios son muy importantes para deshacerse de estos miedos.

22) **Urgencia** = Como la escasez, la urgencia incita a sus clientes potenciales para tomar una decisión, en lugar de no actuar durante semanas, o dejar su página de ventas y olvidarse por completo de su oferta.

23) **Voz** = Tu escritura tiene un sabor único - su voz. A La voz amistosa pero autoritaria funciona bien para la mayoría de los redactores publicitarios: no quiere que su lector se duerma con jerga técnica, pero tampoco quiere parecer un parlanchín divagante.

24) **ZZZZZ** = Cuando no tenga una idea sobre lo que escribir, tómese un descanso y vuelva a eso más tarde.

25) **Zing** = Ser capaz de escribir simple y llanamente oraciones es un arte. La claridad cuenta mucho. Sin

embargo, no necesariamente obtendrá la venta ni ningún tráfico repetido.

Golpes comprobados

Esta sección trata de los archivos de deslizamiento que puede usar instantáneamente y copiar/pegar en su carta de ventas. Estos archivos de deslizamiento han sido probados y se ha demostrado que tienen efectos de sobrealimentación de tasa de conversión elevados.

- Estamos buscando líderes experimentados para unirse a los miles de personas de todo el mundo que ya se han unido a la oportunidad xxxxxx. ¡¡Este es solo el comienzo!!

- Olvídate de todo lo que te han dicho tus líneas Up. Pronto vendrán a USTED para averiguar qué ha hecho para hacer explotar SU negocio... Porque estoy a punto de entregarle absolutamente GRATIS, el sistema exacto que solía ...

- "Generé 3568 nuevos clientes potenciales en vivo y 156 nuevos reclutas y $ 73 568 en mis primeros 3 meses"

- Ahora le presento esta nueva e increíble oportunidad de negocio revolucionaria directamente desde Europa

- Entonces, ¿qué buscas en un negocio desde casa?

Las tres cosas más importantes que debe proporcionar
una oportunidad de negocio desde casa son:
-Producto sólido
-Compensación beneficiosa
-Increíble formación y apoyo

- Si no le muestro un camino comprobado para
ganar más de $ 1 millón al año … ¡No me debes
nada! GARANTÍA DE POR VIDA.

- ¿USTED, USTED, USTED ¿Mereces algo mejor
en su vida? Siga mis pasos comprobados y no
veo cómo no puede ganar dinero copiando mi
sistema.

- ¿Quieres ser millonario? ¡Si su respuesta es sí!
Entonces, esta idea para hacer dinero es para
usted, de lo contrario, deje esta página ahora
mismo y vaya a su trabajo o negocio tradicional.
Donde tienes que obedecer la orden de tu jefe o
tiene que trabajar para otra persona haciéndolo
rico por solo unos pocos cientos de dólares o
hacer su negocio tradicional actual donde tiene
que trabajar de 9 am a 8 pm y esperar a los
clientes todo el día, cuidar sobre garantías,
reemplazos, robos de trabajadores, caída de
precios y muchos más problemas.

- Ahora todos los sueños se harán realidad, con
este sistema fácil de seguir para ganar dinero en
Internet al instante.

- Construyendo un negocio de Internet en una
recesión. Hay mucha gente preocupada por ahí.
Incluso podrías ser uno de ellos. La gente está

perdiendo sus trabajos, viendo cómo se reducen sus salarios, viendo cómo sus gráficos de ingresos cambian de una colina empinada a un acantilado vertical.

- Identifique sus pasiones y aproveche su genio interior para convertir estas pasiones en centros de ganancias que acumulen riqueza.

- Descubra la fórmula secreta de flujo de efectivo de riqueza que solo los mejores millonarios de Internet han conocido ... Hasta ahora ... o ¡Siéntese en casa y no haga nada para crear el motor empresarial de creación de riqueza de su vida! No ganar nada mientras procrastina.

- Este sistema 100% xxxxxx está revolucionando la industria de los negocios basados en el hogar... Descubra cómo este increíble sistema puede ayudar a su negocio.

- "¡Incluso mientras estás sentado y relajándote en casa!

- ¡No se requiere experiencia! ¡Tres sencillos pasos para el éxito! "

- Millones de personas en todo el mundo están ganando dinero en línea con solo una computadora y unas pocas horas a la semana. ¡TAMBIÉN USTED PUEDE!

- ¿Se toma en serio la obtención de ingresos enormes en línea?

- Por el precio de una comida barata para llevar, puedes formar parte de un equipo que te llevará hasta el final del éxito financiero.

- ¡Una manera increíblemente económica, rápida y fácil de ganar una gran cantidad de dinero extra y recibir una exposición masiva mientras DUERME!

- ¡Ganar dinero desde casa ahora es más fácil!

- ¡Felicidades! Acaba de embarcarse en una misión que simplemente no puede fallar.

- Si quieres construir tu lista tan ENORME que nunca más tendrás que pagar por publicidad, solo dame 2 minutos de tu tiempo ...

- ¿Ajustado al presupuesto? ¿No tienes suficientes clientes potenciales para tu negocio? Aquí en xxxxxx.com, no solo tenemos clientes potenciales de doble suscripción, todos nuestros clientes potenciales, tanto antiguos como nuevos, se verifican DIARIAMENTE una y otra vez ¡para asegurarse de que se toman en serio la revisión e incluso de unirse a las oportunidades que se les enviaron!

- El poder de vender con sus palabras y obtener grandes beneficios es un arte. Afortunadamente, también es una habilidad que se puede aprender y perfeccionar.

Su trabajo como especialista en marketing es practicar con diligencia estas técnicas a diario. Cuanta más cartas escriba, mejor beneficio obtendrá y pronto podrá batir nuestra carta de ventas de alta calidad con facilidad.

No se desanime si su carta de ventas no se convierte bien la primera vez. Continúe modificándola y elimine las cosas que no funcionan y sustitúyalas por las que sí funcionan. Las pruebas divididas son la clave para dominar el arte de la redacción publicitaria.

######

www.ingramcontent.com/pod-product-compliance
Lightning Source LLC
Chambersburg PA
CBHW050540160726
48003CB00002B/685